杨华辉——主编

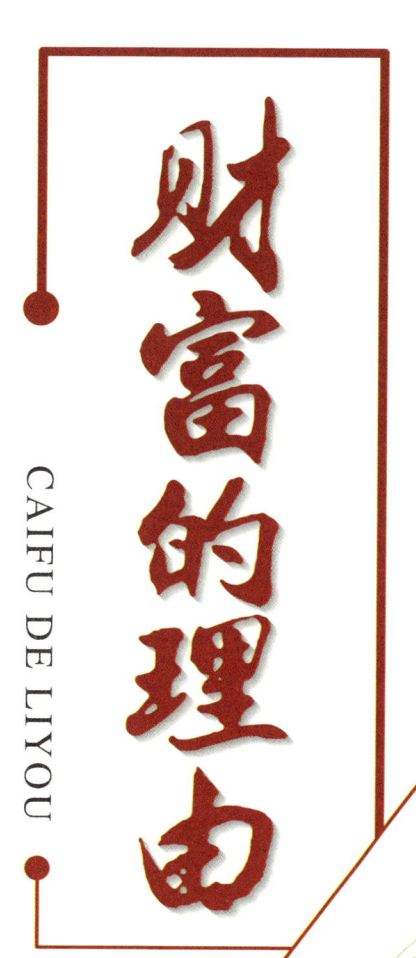

财富的理由

CAIFU DE LIYOU

中国金融出版社

责任编辑：王雪珂　　高卓然
责任校对：刘　明
责任印制：张也男

图书在版编目(CIP)数据

财富的理由 / 杨华辉主编. —北京： 中国金融出版社，2021.9
ISBN 978-7-5220-1305-3

Ⅰ.①财… Ⅱ.①杨… Ⅲ.①私人投资—通俗读物 Ⅳ.① F830.59–49

中国版本图书馆CIP数据核字 (2021) 第178708号

财富的理由
CAIFU DE LIYOU

出版发行　中国金融出版社

社址　北京市丰台区益泽路2号
市场开发部　(010) 66024766、63805472、63439533 (传真)
网 上 书 店　www.cfph.cn
　　　　　　(010) 66024766、63372837 (传真)
读者服务部　(010) 66070833、62568380
邮编　100071
经销　新华书店
印刷　河北松源印刷有限公司
尺寸　169毫米×239毫米
印张　18.75
字数　238千
版次　2021年12月第1版
印次　2021年12月第1次印刷
定价　86.00元
ISBN 978-7-5220-1305-3
如出现印装错误本社负责调换　联系电话 (010) 63263947

编写委员会

主　　　编： 杨华辉

副 主 编： 边维刚　　孙国雄

编委会成员： 郑可栋　　魏　威　　陶　苗　　胡　正
　　　　　　张杰平　　贺　卉　　李　佳　　朱楠楠
　　　　　　李　冰　　陈蔚薇　　蔡孟奇　　梁　甜
　　　　　　袁　悦

格物致知 生财有道

辛丑仲夏 曾康霖题

代序

文化载道，历久弥新

《财富的理由》一书，是兴业证券订阅号上的"兴·文化"专栏的文章合集，是兴业证券财富管理条线响应行业文化建设号召的大胆尝试。文章题材以文化具象与财富管理的结合为主，在琴棋书画诗中展现兴证财富长期价值主张与专业能力，用诗意的语言和审美的视角表达对财富管理的理解和对幸福人生的思考，从文化的力量和思维的角度，引导客户培养长期投资、价值投资的正确理念。

习近平总书记指出："文化自信是更基本、更深沉、更持久的力量。"文化能够在人们认识世界、改造世界的过程中转化为强大的力量。在漫长的历史长河里，数个文明古国兴起衰落，唯中华民族历经劫难而自强不息，正是中华文化为中华民族的生生不息、发展壮大提供了丰厚滋养。灿烂的中华文化源远流长、历久弥新、永不枯竭，具有超越时空的穿透力量，我们需要汲取这样的力量，将文化建设提升至更高层面的具体实践中，这是时代赋予我们的责任与使命。

古以文载道，今以文聚力。任何行业的发展都离不开文化力量的支撑。2019年，中国证监会党委书记、主席易会满在证券基金行业文化建设动员大会上做了题为《加快行业文化建设　优化行业发展生态　着力提升证券基金机构软实力和核心竞争力》的讲话，引起行业轰动。兴业证券一贯重视企业文化建设，积极响应号召，成立集团文化建设工作领导小组，持续推进集团企业文化建设工作全面深入开展，用文化的澎湃力量引领兴业证券向着一流证券金融集团跃进。在中国证券业协会首次发布的2020年度证券公司文化建设实践评估结果中，兴业证券荣获A类评级，体现了公司对"合规、诚信、专业、稳健"核心价值观的践行，以及文化建设实践得到了监管部门和行业认可，彰显了公司文化"软实力"。

　　孔子曰："知之者不如好之者，好之者不如乐之者。"当前财富管理进入转型发展的加速期，更需要文化所承载的积淀底蕴和前进定力，作为始终开拓创新的思想基础和责任源泉，以及行业发展与社会进步的不竭动力。《财富的理由》想以微薄之力，顺应新时代人民美好生活需要日益广泛的更高要求，满足人民过上美好生活的新期待，将财富管理文化上升为"财富与智慧"双向成长的具体实践。"上有迢迢河汉，下有滔滔江水"，愿诸位借由我们的文字与图画，在时节里与自然亲近，在名画中与古人共饮，在诗句间与历史对话，仰望星空，领悟财富的理由，以梦为马，成就意义人生。

兴业证券党委书记、董事长

2021年7月

前言

　　文化既是淳厚的历史，也是繁荣的现在，更是璀璨的未来。如何运用文化的力量将我们兴证财富的理念传递给每一位投资者，是我们一直在思考的问题，也是我们创立"兴·文化"专栏、出版《财富的理由》的初衷。

　　2019年底，中证协召开证券基金行业文化建设动员大会，并发布了《证券行业文化建设倡议书》，行业文化建设的热潮就此拉开序幕。兴业证券第一时间成立了集团文化建设工作领导小组，公司财富管理部也于2020年3月向公司内部发出《兴证财富文化建设倡议书》，并开始努力将文化建设与专业能力建设、人的全面发展、历史文化传承有机结合起来，为资本市场长期稳定健康发展提供价值引领和精神支撑。

　　"时人不识凌云木，直待凌云始道高。"我们认为，客户对于财富管理的见闻与认知，不应该都是冷冰冰的数字，也可以是在艺术品鉴和诗情画意中传递的财富理念。短视频等新媒体不断涌现，现如今纯粹的文字阅读反而带有"复古"的色彩，投资者每天接受着无孔不入、光怪陆离的营销轰炸，这本《财富的理由》就是我们为他们打造的一个令人身心愉悦的静谧小角落，在这里我们主要不谈数字，不谈利润，不谈交易，而是静下心来品味文字、享受快乐、拥抱艺术、升华心灵。

　　观成败，明是非，知兴替。本书的创作者均为兴业证券财富管理条线的一线员工。每一个财富管理人都需要自我学习，在创作的过程中，我们将自己掌握的财富管理知识与文化艺术融合，对自己现有的知识体系梳理，将财富管理与文化艺术各自想象成一株树苗，或是自我思考或是补充学习，逐步让两个点衍生出枝叶，最终缠绕在一起得以升华，结下《财富的理由》这一硕果。

"书卷多情似故人，晨昏忧乐每相亲。"今年正值兴业证券成立三十周年，本书既是我们兴证财富的司庆献礼，也是借此机会传递我们"兴于远见，智享未来"的财富管理理念。愿本书能为广大投资者们带来益智增德的别具一格的财富管理服务，助力广大投资者登高望远，拓展财富人生的宽度和厚度。

目录

春风的逻辑与财富的启示　　　　　　　　　　／1

清明气质与财富真谛　　　　　　　　　　　　／5

人生三境与财富静思　　　　　　　　　　　　／10

谷雨三候与财富三朵花　　　　　　　　　　　／14

家的味道与财富的绵延　　　　　　　　　　　／19

劳动先生与财富共舞　　　　　　　　　　　　／24

母亲的时光机与财富的加速器　　　　　　　　／29

骆驼、狮子、婴儿与财富镜像　　　　　　　　／33

摄影的斑斓光影与财富的湿雪长坡　　　　　　／38

人生如舟　财富如舢　　　　　　　　　　　　／43

天籁之音与财富之歌　　　　　　　　　　　　／48

红色道路与财富寻锚　　　　　　　　　　　　／54

夏至阴生与财富蛰伏　　　　　　　　　　　　／59

粽纳山河　百舸争流　　　　　　　　　　　　／64

禅宗十牛图与财富自由的双螺旋阶梯　　　　　／68

童真常燃与财富无界　　　　　　　　　　　　／73

阿甘之傻与财富钝道　　　　　　　　　　　　／78

修行真经与财富敬道　　　　　　　　　　　　／83

不朽军魂与守正出奇	/ 87
绿色金融谱华章　财富积聚活水来	/ 92
富春山居图与股市长牛的经纬	/ 97
孙子兵法与财富之"谋、动、势"	/ 103
揭开未知世界　跨越财富阈限	/ 107
棋经十三篇与财富弈理	/ 112
颜氏家训与财富传承	/ 117
心灵广袤必有蓝色的力量	/ 121
绿茵场上的足球魅力与资产配置的足球哲学	/ 126
秋、易经与财富之含藏收敛	/ 131
参秋实和秋悲　悟慢牛与慢富	/ 136
晋商精神与财富进取之道	/ 142
文化如陈酿　财富有高度	/ 147
八闽土楼与财富方圆	/ 152
品三国英雄　话财富本色	/ 157
四大名著与财富四谛	/ 162
茶韵生香与财富悠远	/ 168
海派文化在包容　和而不同是财富	/ 173
听三场雨　敬三杯酒	/ 178
女排之变与路上的财富	/ 183
大雪满弓刀　青草钻幼芽	/ 188
唐朝仕女画与投资中的别样芳华	/ 193
2021年，在另一个维度里听时间说	/ 198
投资旅程与财富箴言	/ 204
天眼的奥秘、胶片的定格和哨子的金光	/ 209
人性的灯塔与财富向善	/ 215

去岁残荷在　立春又三思　／ 221

成功，是一朵云推动另一朵云　／ 226

大宇宙与小宇宙
　　——春节为何是中国人最为深沉的情感寄托　／ 232

耕牛奋蹄　鹿增祥瑞　／ 237

向着暖阳　拥抱春天　／ 242

牛文化、农耕文明与财富的滋养性　／ 247

儒家财富思想嬗变与财富济民　／ 253

财富与爱相生相伴　／ 259

一枝梅花　一个自己　264

中国古典舞之韵与投资之"软开度能力"　269

"小治学、中治家、大治兵"，顿悟曾文正"以慢打快"秘诀　275

鲁智深与贾宝玉　深情可抵岁月长　280

后记　285

兴·文化

第 1 期

春风的逻辑与财富的启示

◎ 边维刚

浩瀚的宇宙总是令人遐想。人类与大自然都遵循宇宙中一个伟大的意志。而历史长河中财富的源远流长、生生不息从来不会因为某些事件戛然而止。诗人眼中的"春风"或许才是抵御一切未知和不确定性的最大力量。

浩瀚的宇宙总是令人遐想。人类与大自然都遵循宇宙中一个伟大的意志。而历史长河中财富的源远流长、生生不息从来不会因为某些事件戛然而止。诗人眼中的"春风"或许才是抵御一切未知和不确定性的最大力量。

诗中的春风

"春风先发苑中梅，樱杏桃梨次第开。荠花榆荚深村里，亦道春风为我来。"春风真的及时来了，如一个舞动的天使，舞到哪里，就把希望带到哪里，构成了一幅幅盎然的春景图：春风带来的第一幅是寒霜早梅图，继而是竞相绽放的樱杏桃李图，然后是田野里欢呼雀跃的荠花榆荚图，好一派春和日丽的繁盛景象。

春风是无私的。诗人把春花、春树描绘成为有感情的生命，春风拂过处，不管是园中名卉还是村头野花，都不会错过春风带给自己的花信；而春风也从不厚此薄彼，使它们呈现一派欣然的景象。

在新冠肺炎疫情的阴霾笼罩下，春风显得尤为珍贵。"春风为我而来"，春风一定不会迟到，她或许已经为我们每一个做好准备的人吹走最糟糕的时刻，催生希望，这不正是大自然的馈赠吗？

人性的春风

躬身自问，作为"性相近，习相远"的人性的春风是什么呢？

让我们一起来看看了不起的比尔·盖茨。2020年恰好是盖茨基金会成立20周年。在过去20年中，盖茨基金会总共捐赠了538亿美元。

比尔·盖茨在谈到新冠病毒的危害对人类的启示时说："它提示我们，人人生而平等……我们唇齿相依，影响一个人的事物会对另外一个人产生影响。它提示我们，我们因病毒影响，暂时过着约束的生活，但是，世界上有的人一辈子都是过着这样压抑的日子。它提示我们生命的短暂和生命的意义，那就是互相帮助，尤其是帮助那些体弱年迈的老人。它提示我们，我们自己拥有意志来掌控大权。"我们可以选择互相帮助、合作、给予、奉献和支持，也可以选择自私自利、囤积居奇和我行我素。危机发生时，无论力量大小，无数个像我们一样的普通人也在尽一己之力奉献爱心，这样的慈悲、博爱和悲悯不正是人性的春风吗？

财富的春风

如果追本溯源，财富管理的春风是什么？

财富管理的春风是社会一直在进步的价值创造与复利累积。正如爱因斯坦说过："复利是世界第八大奇迹。"从18世纪工业革命至今，世界生产总值增长近200倍，世界收入曲线创造了奇迹。相信绝大多数人都是受益者。当资本市场出现后，资本的升值更是成为财富增加的主要手段。华尔街有句名言："资本永不眠。"在美股大幅调整的背后是，十年间美国牛市有超过30万亿美元的财富被创造出来。长期来看，权益类资产仍是金融资产中收益率最高的。因此，放在历史长河的视角看，"在持续创造价值和复利增长的过程中，所有中间的回调，都是进步过程中的一个回眸"。

在网络时代信息的"回音室效应"下，保持理性、独立思考能成为一件难能可贵的事，更需要我们不断修炼审视自我，并拓展认知的高度和深度。对于财富管理而言，我们必须对市场保持敬畏之心，并对贪婪与恐惧的"羊群效应"可能会放大市场波动保持警惕。更重要的是，我们应该始终相信社会进步的力量，相信新冠肺炎疫情终将消失，相信世界经济将继续取得成功。作为价值投资者，在市场足够低迷时更应该积极地去看待未来，坚定地下手，从容地迎接春风吹拂。

在当前市场特殊阶段，可以从以下四个方面构建可持续上升的财富增长曲线。一是耐得住心。有句古训是财不入急门，要更多地注重投资风格的一贯性和长期收益的稳定性。二是忌铁索连舟。通过分散化的资产配置，能够有效地降低单一资产的集中风险。采用定投的思维是应对不确定性的理性方法。三是践行反波动性。波动性是投资最大的敌人，最好的办法是以逆向思维利用它，控制回撤的幅度也是衡量投资成熟度的重要指标。四是幸福的成长。财富管理的目的不仅是财富数字的增长，还包括安全感和幸福感的增强，如果我们以积极的心态和专业的方法让风险承受能力范围成为决定投资的重要支点，我们的心一定可以如沐春风。

结语

"等闲识得东风面，万紫千红总是春。"坚定的信心来源于远见与智慧，疫情挡不住人们对美好生活的向往，回调挡不住科学技术与资本交融驱动的经济发动机，让我们怀揣梦想，用心向善，勇于将财富投向未来。请记住，诗人们在明媚的春光里等你！

兴·文化 第2期

清明气质与财富真谛

◎ 边维刚

《采桑子·清明上巳西湖好》
北宋 欧阳修

清明上巳西湖好，满目繁华。争道谁家。绿柳朱轮走钿车。
游人日暮相将去，醒醉喧哗。路转堤斜。直到城头总是花。

梨花微雨杏花起，又是一年清明时。清明，不只是一个缅怀追远、寄托哀思的纪念之日，也是一个踏青郊游、亲近自然的特殊节日。清明节融汇了先祖们追求顺应天时地利人和的思想，构成了它在中国传统四大节日中，自然节气和人文风俗融于一体的特有气质。清明寄寓着这种天人合一的精神追求，也是我们财富管理需要遵循的古朴真谛。

梨花微雨杏花起，又是一年清明时。清明，不只是一个缅怀追远、寄托哀思的纪念之日，也是一个踏青郊游、亲近自然的特殊节日。清明节融汇了先祖们追求顺应天时地利人和的思想，构成了它在中国传统四大节日中，自然节气和人文风俗融于一体的特有气质。清明寄寓着这种天人合一的精神追求，也是我们财富管理需要遵循的古朴真谛。

天时有愆伏

清明是一个沉重的节日。细雨纷纷，淋湿人心。清明宛如一支自古至今的绵长忧曲，总是勾起人们对已故亲人的无限哀思。无论时光怎么流逝，这份寄托的悲凉哀伤依然刻骨铭心。每逢清明，祭祖扫墓，点香烧纸放炮，叩头念诵保佑，风雨无阻，代代相传。

太多负重前行中倒下的人，需要我们铭记与祭奠，他们也许不曾和我们朝夕相处，也许甚至不和我们在同一个时代……现在，在这个特别的日子，让我们借清风一缕，送去心底最深的缅怀，把悲凉化作最真诚的祈愿吧。记住忧伤，记住替我们负重前行的人们，就像不要忘了心中的太阳。

蹉跎岁月，天时愆伏。清明或许是老祖宗让我们觉悟世事无常、慎终追远的神圣仪式，一代又一代的灵魂延续和血脉相传，这或许就是民间所说的"不能断了香火"之深意吧。

忠义肝胆照

清明是一个忠义的节日。清明节起源于介子推"割股奉君"的典故，颇有肝胆相照的悲壮色彩。

相传春秋时期，晋公子重耳为逃避迫害而流亡国外，途中，随臣介子推从自己大腿上割肉煮汤救活了几近饿死的公子。

19年后，重耳做了国君，也就是历史上的晋文公。介子推却不求功名利禄，同母亲归隐绵山。晋文公带人去请，然山高路险，树木茂密，无处找寻。于是三面火烧绵山，试图逼出介子推。火熄后发现，背着老母亲的介子推已坐在一棵老柳树下过世了，并从树洞里发现一血书，上写道："割肉奉君尽丹心，但愿主公常清明。"

为纪念介子推，晋文公下令晓谕天下为"清明节"，以示怀念。在重耳落难之时，介子推如此肝脑涂地、忠心耿耿，成就了忠义之名，后又树立了有功不居、不图富贵的高尚形象。而晋文公也常把血书袖在身边，鞭策自己勤政清明，励精图治，让晋国的百姓得以安居乐业。这样看来，过清明节，自有"崇扬忠义"之本意。

游春在洞悟

清明还是一个诗意的节日。"清明上巳西湖好，满目繁华；争道谁家，绿柳朱轮走钿车。游人日暮相将去，醒醉喧哗；路转堤斜，直到城头总是花。"北宋欧阳修的这首诗《采桑子》写得人欢景艳，相比清明之忧伤，别具一格，让人欢欣动容。虽已时过千年，我们仍可以依稀看到他们嬉戏追逐、呢喃私语、喧哗熙攘的西湖游春之热闹繁华景象。

其实，老祖宗并不希望我们只是沉浸在祭祖缅怀的忧伤之中，更希望我们能抓住草长莺飞、群芳绽放的阳春三月愉悦身心、启迪心灵。

老祖宗深有亲近大自然的感悟。故以节日提示我们领会天地运行、四季轮换、月盈则亏、日午则偏的自然规律；让我们领悟，芝兰生于幽谷、不因无人问津而不芳，梅花开于墙隅、不因阳光不照而不香，流水绕石而过、不因山石之阻而纷争，以及高山无语、深水无波的宁静深沉之境界。

在大自然中，生命转瞬即逝，短暂如苍穹中飞快的流星，清明的意义实则在启发我们要不负此生，积极修炼不为尘俗所迷、物欲所困、诱惑所动的自由之心，好好珍惜曾经和正在拥有的，努力去创造和追求即将拥有的未来。

山高人为峰

或许，老祖宗正是用这样的古老仪式，提示我们在前行的过程中要不时停下来，静心想一想，我们是谁，我们来自何处，我们为何而来。

记得有这样一个故事：在公元2世纪，淮南子讲述一个弓箭手的故事，他听从圣人劝告，到遥远的西方寻找长生不老之药，而实际上他所要的草药就长在自家的门外。

"不务天时，则财不生；不务地利，则仓不盈"。清明所寄寓的这种天人合一的精神追求，同样是我们财富管理需要遵循的古朴真谛，尤其在面临考验的特殊时期。财富管理无论如何雕琢，总究要复归于朴，犹如美玉不能背离自然之旨。

财富管理须遵天时。资本市场瞬息万变，但估值、流动性和基本面这些核心的"变数"与"定数"均耦合于时代格局之中。人类不是市场波动的木偶，越在极端时期，财富管理越不能因纷扰而飘浮。历史的车轮总将滚滚向前，专业和远见的智慧恰恰体现在对危机中自然孕育着巨大机遇的敏锐之心，并注意善以风险为本对物欲事理适度取舍。或许老祖宗正是以节日仪式，提示万物永不停息的发展规律，让我们真正领悟自然而"然"之灵魂精髓。

财富管理要顺地利。"胸中有丘壑，眼里存山河。"中国在疫情中展现的大国实力、凝聚的强大合力和国际主义形象，有助于进一步提升中国核心资产的价值。在百年未有之大变局中，华夏大地的强大内需、政策空间和结构性潜能是资本市场发展的内在要素。在此根基上，财富管理以昂扬的姿态顺着价值规律深耕细作，从长期来看肯定会受到市场的奖赏。或许老祖宗正是以节日仪式，提示对自身历史文化的认同和民族自强的亘古定律，让我们坚定长期做多祖国之责任信念。

财富管理宜重人和。"人"才是财富管理活力所在的"永动机"。正确的财富观关系到人心所向。急功近利受制于名缰利锁的束缚，与人生幸福的目标背道而驰。曾国藩喜欢的"花未全开、月未圆"这七个惜福之字耐人寻味。科学的预期管理也是财富管理理性思维的光芒。或许老祖宗正是以节日仪式，提示思考是生命的本源，让我们以如切如磋如琢如磨的修炼之功，去发现"悲悯和互爱"，才是最美好的财富人生。

结语

"看尽人间兴废事，不曾富贵不曾穷。"老祖宗用心良苦，清明充满韵味。我们确需更好地领会天人合一的思想，遵循自然运行的规律，以昂扬的精神、专业的态度和自由慈悲的心去调适财富的探寻之路，热忱拥抱对的人和真的爱，平安长久！

兴·文化

第 3 期

财富静思 人生三境与

◎ 梁甜 魏威

古今成大事业、大学问者，必经过"立、守、得"三重境界——"独上高楼""衣带渐宽""蓦然回首"。这是王国维在《人间词话》中表达的境界，留下了"推之百世而不悖"的意境美，也给财富管理留下更多思考和遐想的空间。

古今成大事业、大学问者，必经过"立、守、得"三重境界——"独上高楼""衣带渐宽""蓦然回首"。这是王国维在《人间词话》中表达的境界，留下了"推之百世而不悖"的意境美，也给财富管理留下更多思考和遐想的空间。

昨夜西风凋碧树。独上高楼，望尽天涯路

有别于小小愁怨的伤离怀远，词中之人在幽独中登高望远，鸟瞰路径，张望理想，在这空阔无碍之境，才思得以尽情驰骋，立志方能存之高远。这第一境界，可谓之"立"。"士不可以不弘毅"，人当立志远，而意坚。

"心似莲花、万象归一"，对财富管理而言，时刻保持内心清醒，穿过迷雾厘清现实，拂去尘埃了解自身需求，科学地制订财富目标是财富管理之始，是之为"立"。从个体生生不息的孕育繁衍，到家庭丰衣足食的需求满足，再到社会沧海桑田的变迁发展，都离不开财富增长。

"立在于人、智在于心"，对财富的追求亘古有之，对财富保值增值的诉求、对美好生活的向往是每一个个体和集体的追求。兴证财富正是顺应客户的财富诉求，秉承"兴于远见、智享未来"的理念，以"专业、专一、专注地满足客户需求"为己任，追求提升客户财富管理的体验。

际高而望，坚定理想，追求美好，不只是古人的情怀，更是我们的初心与坚守。愿我们都能以冷静清晰的头脑审视自我，以举目高眺的格局定立目标，以宽容开放的心态理解财富。

衣带渐宽终不悔，为伊消得人憔悴

目标的实现并非一朝一夕，词中之人情有所钟，却求而不得，消瘦憔悴，亦无怨无悔。宛如追寻伊人，道阻且长，溯游从之，溯洄从之，不离不弃。这第二境界，可谓之"守"。正如财富之道，既可守正，也

可出奇，但仍须诚于心而敏于行，心若冰清，方能守得始终。

大道修远。"路漫漫其修远兮"，追求财富的道路是曲折的。全球新冠肺炎疫情的蔓延，对资本市场和实体经济都造成巨大冲击，恐慌和压抑占据人心，个人与组织的资产负债表均需要得到修复。面对市场的巨幅波动和未来的不确定性，我们更要冷静地识别风险，理性地敬畏市场，防止因短视而加剧财富的损失。

确守初心。"学道须当猛烈，始终确守初心，纤毫物欲不相侵"，财富管理的初心和关键在于，以长期投资的眼光去发现并持有优质资产，以资产配置的思维均衡风险，提升投资的稳定感和幸福感，最终实现财富稳定地保值、增值。无论是投资者还是财富管理人，一旦有共同的目标认同和价值认同，就不应因短期的纷扰而动摇。智者当借力而行，慧者运力而动。找对专业的财富管理机构、相信优秀的管理人、瞄准优质的核心资产、采取正确的投资方法对投资者来说至关重要。

功在不舍。"百丈之台，其始则一石耳，由是而二石焉，由是而三石，四石甚至于千万石焉"，财富的积累从来都不是一蹴而就的，而在于长期的坚持。"骐骥一跃，不能十步；驽马十驾，功在不舍。"不能执着于财富短期内的大幅增长，持续稳定的财富增长才是可期的。对普通投资者来说，定投不失为一个好的方法。如此绵绵用力、久久为功、行而不辍，则未来可期。

实证来看，波动曲折是市场给予我们的机遇与馈赠，也是对投资者和财富管理人意志、理念的检验和磨砺，使我们的财富之路走得更加坚实与稳定。

众里寻他千百度。蓦然回首，那人却在，灯火阑珊处

反复追寻，下足功夫，自然会豁然开朗，有所收获，不负光阴。这第三境界，可谓之"得"。王国维亦云："未有不阅第一第二阶段而能遽

跻第三阶段者。"没有第一、第二境界的积累,是无法直接达到第三境界的。但是,灯火阑珊处所见到的是最初的追求,还是意外的回报,或许留给了我们一丝遐想的空间。

经过一番寒彻骨,终于迎来了收获的时机,突然发现前期的积累和耕耘,早已开花结果,这不正是财富管理的魅力所在吗?而财富果实的收获,并非一蹴而就,需要"吟安一个字,捻断数根须"的匠人精神,又要有"人皆讥造次,我独赏专精"的专业认可,同时坚持"操千曲而后晓声,观千剑而后识器"的量变积累。常怀善念,宠辱不惊,长此以往,以善心和品性迎来美好的财富果实。在这个过程中,心灵的洗涤和顿悟,又何尝不是一种收获?

结语

"嘤其鸣矣,求其友声。"在纷繁复杂的资本市场和竞争激烈的财富管理领域里,兴业证券财富管理愿守初心,发挥综合业务优势,传递正确的财富理念,让更多的投资者与我们共同分享"立、守、得"的财富探寻智慧,收获时间的玫瑰。

兴·文化

第 4 期

财富三朵花与谷雨三候

◎ 郑可栋

天地之大德曰生。谷雨"三候"的温润物象，仿佛提醒我们要把握春季最后的春光，多做一些顺应天时的有意义之事，如播撒耕种，生生不息。值此非常时节，送你三朵财富管理繁荣安定之花，以飨共同品茗回味。

天地之大德曰生。谷雨"三候"的温润物象，仿佛提醒我们要把握春季最后的春光，多做一些顺应天时的有意义之事，如播撒耕种，生生不息。值此非常时节，送你三朵财富管理繁荣安定之花，以飨共同品茗回味。

谷雨，是春季的最后一个节气。中国古代将谷雨分为"三候"：第一候萍始生；第二候鸣鸠拂其羽；第三候为戴胜降于桑。是说谷雨后降雨量增多，浮萍开始生长，接着布谷鸟便开始提醒人们播种了，然后是桑树上开始见到戴胜鸟愉快的身影。"三候"物象，终成就事物发展的因缘规律，犹如种花赏花般自然流畅。俗话讲："谷雨不种花，心头像蟹爬。"谷雨时节天气比较温润，无论种什么花草都能茁壮成长。

几年前有人从哲学的角度送给股票投资市场三朵花：树上的花、心里的花、纸上的花，分别代表客观世界、内心世界和符号世界。立足于当下特殊时期的谷雨时节的"三候"物象，从哲学的角度去寻找、品味这三朵财富之花，或许会给我们认识自己带来一番新的思考。

树上的花：存在

"阳春布德泽，万物生光辉。"大自然的客观存在，并不会因为我们人类主观的观察和意识而改变。

在财富管理的领域内，实体经济的好坏、经济金融政策的变动、不同大类资产的表现、不同产品管理人的净值变化等都属于客观世界的范围。在诸多客观因素的作用下，最终形成一条条产品的净值曲线的演化轨迹。不同资产类别、不同投资风格的产品，在不同时间的经济周期与政策区间中，勾画出基于不同的风险收益呈现的特征。

净值曲线的变化并不会以人的主观意志为转移，它只会客观地、如实地表现出自己的特征。

在存在的世界里，不同资产类别与产品之间并不存在"非黑即白"式绝对的好与坏、强与弱，只是大千世界中不同组合与选择后的结果。

心里的花：认知

"山光悦鸟性，潭影空人心。"认知是人类对这个客观世界的认识，因而属于内心世界。

在认知的世界里，由于人这个主体的存在，所以必然存在主观的好恶。在投资回报、收益波动率、最大回撤这些客观标尺的度量下，每个人形成了基于个体认知对于财富管理不同的认识与理解。

专业能力相关性认识。比如有人就偏好按收益率排行来买产品，认为排在前面的就一定比排在后面来得好。也有人喜欢挑选净值在1元附近的产品，认为这样风险就比较小。这些都是选择上的偏好，尽管这些选择未必就能带来好的结果。

风险偏好相关性认识。比如同样是每年正负10%左右的净值波动，对有的人来说可能就稀松平常，对有的人来说就寝食难安。在风险偏好态度上的差别，一方面和每个人的基因底层有关，并不是所有人天生都是冒险者；另一方面也和我们对于风险本身的理解和熟悉程度有关，习惯证券交易的投资者对于风险的容忍度肯定比只买银行理财的投资者来得更高。

投资预期相关性认识。每个人都期望通过理财来获得可观的投资收益，但不同人对于"可观"二字的理解并不相同。有人觉得年化收益10%已经很好，也有人恨不得每月增长10%，但风险与收益从来都是一体的两面。投资者的收益目标必须是合理的，如果对收益目标抱有过高的期待，结果往往会令人失望。

情绪相关性认识。情绪是对一系列主观认知经验的通称，是人对客观世界的态度体验以及相应的行为反应。他可以让我们更好地感受客观世界，但同时也可能影响我们的理性判断。比如人在不同情绪的影响下，可能会对相似的风险做出迥然不同的判断，乐观的时候忽视风险，悲观的时候放大风险。

"水波潋滟晴方好，山色空蒙雨亦奇。"在认识的世界里，反映的是人的主观偏好，即对事物的好恶，但好恶并不代表正确或者适合与否。

纸上的花：符号

"最是一年春好处，绝胜烟柳满皇都。"诗人说，一年之中最美的是这早春的景色，它远胜过了绿杨满知城的暮春。那么，早春与暮春究竟谁最美，这可能就是符号的寓意吧。我们内心的认知，正是用语言、文字、图表等表达出来的符号世界。

符号的世界是抽象的世界，是人与人之间沟通交流的渠道。它存在于人们的各种表达之中，是不同主体交流对于客观世界主观认知的载体，人们通过符号的世界来改变自己的主观认知，比如数学中很多的推论和定理，它们就是对这个世界一般规律的抽象与总结。

同样，在财富管理领域也有自己的一般规律，比如逆向投资、均衡配置、长期投资，这些都是每个投资者迟早要熟知的符号世界。

在不同环境下，一般规律的重要性程度也不尽相同。举个例子，在我国逆向投资的价值必然会高于美国，理由很简单，我国资本市场的波动率更高，坚持逆向投资就更容易获得更便宜的筹码。

不过，符号世界中的规律并不是规律本身，而只是规律的一个侧面。在价值流、资金流、信息流等财富管理的符号世界里，唯有不断地体悟、自省，不断地去理解市场规律的不同侧面，才可能对财富积累一般规律有更完善的理解。

心向暖阳，三花齐开

树上的花是客观现实，心里的花是主观认识，纸上的花是抽象表达。在财富管理的世界中，客观现实对应"高低"，主观认识对应"好恶"，抽象表达对应"对错"。

客观世界本来就是各种概率事件的集合，树上的花可能开，也可能不开，我们应该看清其皆由因缘不同和合。

较为普遍的现实是，在变化面前，有人看到了危险，也有人看到了机会。主观认识只代表好恶，不代表正确。好恶必须通过与一般规律的抽象表达来实现自身的纠偏，如此才能最终正确地认识并改造客观世界。

"问渠哪得清如许？为有源头活水来。"三花是否齐开，皆存乎因缘也。诸如专业能力、风险偏好、投资预期、极端情绪等都可能会影响到我们的心中之花，唯有把握春光不断思考、不断修炼、不断学习、不断纠偏。成功只会眷顾顺应天时、坚守信念、耕种不息的有准备的人——心向暖阳，静待三花齐开！

兴·文化

第 5 期

《定风波·南海归赠王定国侍人寓娘》
北宋 苏轼

万里归来颜愈少。
微笑。
笑时犹带岭梅香。
试问岭南应不好。
却道。
此心安处是吾乡。

家的味道与财富的绵延

◎ 李　怡　朱楠楠

　　无论身处何方、境遇如何，家总是心底最温暖柔软的港湾，晚风里传来的歌声便是写照，"日将斜，飞鸟归山林，南风带来邻村的炊烟。夜深沉，江船一盏灯，窗外虫鸣一宿好梦。"家，是生命萌发的地方，也是一辈子魂绕梦萦的记挂。《礼记》中说："父子笃，兄弟睦，夫妻和，家之肥也。"家，也是人生最宝贵的财富。

无论身处何方、境遇如何，家总是心底最温暖柔软的港湾，晚风里传来的歌声便是写照，"日将斜，飞鸟归山林，南风带来邻村的炊烟。夜深沉，江船一盏灯，窗外虫鸣一宿好梦。"家，是生命萌发的地方，也是一辈子魂绕梦萦的记挂。《礼记》中说："父子笃，兄弟睦，夫妻和，家之肥也。"家，也是人生最宝贵的财富。

人间烟火气，最抚凡人心

家，是热气腾腾的厨房，是袅袅升起的炊烟，是阵阵飘出的杯盏酒香。有一种食物叫作母亲的饭菜，或平淡或鲜美，却是独有滋味、让人满足欢喜，回味无穷，因为母亲饭菜带着慈爱、坚韧、温暖安全的乡土香气，这是一种童年的味道。而每天饭后一家人围坐一起喝茶，是最重要的交流时分，是成长中的家庭记忆。吃饭喝茶，平凡无奇，却是家人朝夕相伴永远的河岸。

家，是经久悠扬的乐曲，源远流长，无论我们将来汇入哪一首歌，歌里都跳动着家的旋律。李白有诗云："谁家玉笛暗飞声，散入春风满洛城。"春风徐徐，时而一曲曲缥缈的玉笛声不期响起，随风飘满了洛阳城的夜晚，勾起人们抹不去、化不开的恋家之情。

家，是游子难舍的乡味，游子在外，最难舍是乡味，最难改是乡音。故乡有灵，有个地方，虽千山万水，灵魂总能带领我们穿越回到那个曾经生活的家的场景。"少小离家老大回，乡音无改鬓毛衰"，觥筹交错、推杯送盏，始终抵不过家人亲手做的一顿家常便饭。繁华道退却，粗茶淡饭，人间清欢是乡味。

人间烟火气，最抚凡人心。"孩童骑竹马，两岸凤仙花。清江蟹儿肥，谁家女儿美。"家的意味，在赵显宏的《满庭芳·渔》中展现得淋漓尽致。家的滋味，是"新糯酒香橙藕芽，锦鳞鱼紫蟹红虾"；家的情味，是"一家老幼无牵挂，恣意喧哗"；家的气味，是"杯盘罢，争些醉煞，和月宿芦花"。

家的味道，简单质朴，茅檐低小，溪上青青草，阖家心甚安，家赋予财富灵魂，让财富更超然、更有价值；家的味道，充实温暖，打虎亲兄弟，上阵父子兵，家让我们变得更强大，不断积淀和凝聚创富、守富、传富的生生不息的力量。家人闲坐，灯火可亲，论财富故事、品财富人生时，岂不是别有一番韵味。

此心安处是吾家

家，是一种心有所属的感觉。此心安处是吾家，"免我惊，免我苦，免我颠沛流离，免我无枝可依"。家如同一盏心灯，夜深篱落一灯明，便知何处觅寻。

家，是心灵的港湾，吾土吾乡如心上之弦，是心底温暖的挂念和牵绊。"烽火连三月，家书抵万金"、"露从今夜白，月是故乡明"形容的是思念家乡的心境。从古至今，满满都是对家的牵挂。家，永远是令人向往的地方。丰子恺说："家是我的最自由、最永久的本宅，我的归宿之处，我的家。"

"此心安处是吾家"，世界事得失相伴，保持一颗随遇而安的平常心，往往能发现生活的另一种境界。只有让内心泰然自若、安定神闲，才能感受到即使身处非"生于斯长于斯"的故乡，也能那般温馨和真切，才能让自己超脱物外，洞悉真心本性，发现尘土原是无疆界的豪迈美感。如同王维的"人闲桂花落，夜静春山空"，世间之美往往在于心安心静的那一刻。所以但凡世间事，"心安心静"是前提。

心静生定境。同生活中"随遇而安"的心境，财富管理亦追求这种"心静心安"的定境。做到别迷失、不出局，以长期投资的眼光去发现并持有优质资产，不消极、别旁观，以资产配置的思维均衡风险，最终让财富更好地为家保驾护航。

忠厚传家久，财富绵延长

家，是无私的慈爱。父母之爱，如《游子吟》中所写："慈母手中线，游子身上衣。临行密密缝，意恐迟迟归。"古有孟母三迁的故事家喻户晓，父母之慈爱关怀，无不是盼望儿积福孙孝贤。慈爱传家，十代以上，次之分别是耕读传家、诗书传家和富贵传家。慈爱的精神传递和财富的永续传承，是国人亘古不变的追求，深深埋藏于广博精神的中华文明中：敬祖爱国，尊长护幼，崇礼重德，贵和执中。

家，是财富的绵延。《战国策》中的名篇有言："父母之爱子，则为之计深远。"父辈创业垂统，积累财富，无不是为传家。然而财富本身有很大的流动性，古往今来、世世代代，如清代的胡雪岩、乔致庸，个人集聚的财富很多，但是随着时代更迭、社会变迁，万贯家财都慢慢散去，全球化背景下快速更迭的当今社会更是如此。可谓"旧时王谢堂前燕，飞入寻常百姓家"。因此，更需要未雨绸缪、精心规划，积极借助遗嘱、保险、家族信托和基金会等专业工具实现财富的绵延发展。

家，是文化的传承。正如《围炉夜话》所言："积善之家，必有余庆；积不善之家，必有余殃。可知积善以遗子孙，其谋甚远也。"忠厚传家方能财富绵延。传家的最高境界，是要拨开迷雾、追根溯源，回归财富的本源，财富传承的本质是对未来消费能力和创造能力的一种共同储存。家族财富不仅要在物质上实现恒久地传承，更要将在持续创造财富的过程中形成的精神力量继承发扬，譬如文化、价值观与智慧以及强大的创新精神、艰苦奋斗的意志、反哺大众的善心等。将优良的人品修养、生活习惯乃至一门技艺传承给子孙后代，会对家族产生深远的影响。所以，"朴实浑厚，初无甚奇，然培子孙之元气者，必此人也"，我们常说"富不过三代"，但是却总有"书香世家"，就是这个道理。

结语

塞外无春色,边城有风霜。每次出门,家里妻儿期待的目光,母亲透过窗户的殷切守望,总让我们格外牵肠挂肚。我们从家的味道里,体味人生百态,领会财富绵延的哲理。家为我们遮风挡雨,给我们无穷的力量。漫漫人生,家伴永远,家即财富,家所承载的财富绵延永续,穿越时光而更加显示出人性的光辉。

兴·文化

第 6 期

财富共舞 劳动先生与

◎ 李 扬　张杰平

"深处种菱浅种稻，不深不浅种荷花。"在诗人眼里，劳动别具一番勤耕则获的生机景象。值此节日欢庆之际，向每一位承千秋劳动精神、用肩膀撑起责任、用汗水描绘人生的劳动者致敬！劳动创造世界、创造财富，劳动绽放希望、使生活更加充实丰盈，同时让我们认识"闻古悉理，勤力笃行，修心升华"的世界奥妙。

"深处种菱浅种稻，不深不浅种荷花。"在诗人眼里，劳动别具一番勤耕则获的生机景象。值此节日欢庆之际，向每一位承千秋劳动精神、用肩膀撑起责任、用汗水描绘人生的劳动者致敬！劳动创造世界、创造财富，劳动绽放希望、使生活更加充实丰盈，同时让我们认识"闻古悉理，勤力笃行，修心升华"的世界奥妙。

四季舞：春种一粒粟，秋收万颗子

劳动是一首歌，每一滴汗水都是一个美丽跳动的音符；劳动是一曲舞，每一份勤奋都是优美的灵动。"我知道什么叫劳动：它是世界上一切欢乐和美好事情的源泉。"正如高尔基所说，劳动是神奇的，劳动是财富的基础，劳动在本质上是价值的运动，是各种不同形式的价值相互促进、转化循环、不断增值的力量。

日月星辰，周而复始。《荀子·王制》指出："春耕、夏耘、秋收、冬藏，四者不失时，故五谷不绝，而百姓有余食也。"这是劳动者总结的基本规律，庄稼如此，人生也是如此。"宝剑锋从磨砺出，梅花香自苦寒来。"孜孜不倦当如春耕，进取拼搏应似夏耘，渐入佳境正是秋收，内敛感恩便是冬藏。只有在劳动中，我们才能在对品格、个性、能力、情感与志趣的探索里找到快乐。诚如李大钊所言："一切乐境，都可由劳动得来，一切苦境，都可由劳动解脱。"

四季交替，春耕秋收。卓越的财富都是孜孜探索规律并在岁月中慢慢孕育出来的。"一粥一饭，当思来之不易；半丝半缕，恒念物力维艰"，我们碗中的米饭，粒粒饱含着农民的血汗。"江上往来人，但爱鲈鱼美。君看一叶舟，出没风波里。"财富管理领域创造的传奇不禁令人艳羡，然而人们往往不知光鲜背后隐忍的折磨与考验。事实上，财力基础、内驱力、才干智慧等层次越高，越需要日积月累的劳动付出来升华成就；而越是成功的价值投资，越要做足劳动之功课，接受"既要在买入前耐心等待时机的出现、又要在买入后坚持等待价值的实现"的煎熬。正所谓"千淘万漉虽辛苦，吹尽狂沙始到金"。

匠心舞：欲流之远者，必浚其泉源

劳动是价值的真正源泉。统一价值论认为：劳动的本质就是"消除不确定性"，而"消除不确定性"等同于"提高有序性，增加价值量"。劳动本质上并无高低贵贱之分，但劳动内涵确有附加值的巨大差异。劳动质量决定系统价值的总量，匠人的劳动必然创造匠心的特殊价值。

"盘根直盈渚，交干横椅天。"回溯古代，中国曾是世界上最卓越的发明之邦、匠人之国，史书记载西周时期的"百工制度"，足以见证"中国制造"源远流长，历久弥新。时至今日，中国的瓷器、画作、雕刻等传世之作，皆被奉为绝世之无上珍宝，如"似玉非玉而胜玉"的北宋徽宗时烧制的汝瓷，其釉好似"雨过天青云破处""千峰碧波翠色来"，遂后世不禁发出"纵有家财万贯，不如汝瓷一片"的感叹。而其背后这些制作技艺出神入化的中华古匠，正如《瓯北诗话》所言："盖事之出於人为者，大概日趋於新，精益求精，密益加密，本风会使然。"上之工者，昼作夜思，殚精竭虑，苦心孤诣，精雕细琢，而后耀传世之光。中华民族名此光芒为工匠精神，且从古至今孜孜以求，精益求精，绵延百代。

财富管理领域也需要追求精益求精的工匠精神。财富管理承载着客户的宝贵信任，肩负着绵延千家万户经济根基的责任。有效的资产均衡配置是财富管理实现增值保值的关键，唯有长期坚持、深入研究、不断积累，才能形成专业、专注和专一的智慧，帮助客户进行科学合理的资产配置并实现风险与收益均衡的财富目标。正如威廉·夏普所说，成功的投资有85%的报酬归功于正确的资产配置。这需要我们以更为勤勉的态度、更具远见的眼光和更懂得舍得的智慧，在跨市场、跨行业、跨区域的金融工具组合运用和风险交叉传递等方面深思悟学；需要我们真正将"以客户为中心"的理念内化于心、外化于行，将一丝不苟的匠心精神在金融产品的创设与甄选中一以贯之，并不断地在均衡分散风险、优化动态组合的财富管理实践中吸取知行合一的力量。

魂之舞：衣沾不足惜，但使愿无违

自古圣贤皆勤俭自律以修身养德，不乏衣食无忧仍俯身劳作之人，虽态低而品性高。陶渊明在诗作《归园田居》中描绘了南山种豆、晨兴理荒、带月锄归、道狭草长、夕露沾衣的情景，展现了其坚守初心、不辞劳苦、无怨辛作的精神，也自然流露出对真善美这一至高理想的执着追求。

见闻之知，不如心之所喻，心之所喻，不如身之所亲行焉。《尚书·大禹谟》云："人心惟危，道心惟微；惟精惟一，允执厥中。"世事变幻莫测，道心中正入微，我们要真诚地保持惟精惟一之道，坚定自己的理想和目标，使人心与道心和合，而后执中而行。"及之而后知，履之而后艰"，见闻得知，不及心悟思明，心中已明，不如躬身力行。无论从事任何行业，只有做到心到、神到、手到，才能达到如古代匠人般出神入化的境界。

"一流的匠人，人品比技术更重要，有一流的心性，必有一流的技术。"工匠精神是工匠在高超职业技能和良好人文修养结合下形成的一种精神理念，它既体现为产出的品质，又体现出工匠的气质。具有此精神的劳动者之于所事工作，不仅是将其当作谋生的工具，更是对其怀有一颗热忱之心，愿倾注其毕生精力的精神载体，继而升华至"道技合一"的境界。

"路漫漫其修远兮，吾将上下而求索。"面对新冠肺炎疫情冲击下国内外经济形势的不确定性，我国核心资产价值之锚、内需驱动之锚、稳增长政策之锚反而变得更为可期。因此，财富管理人需沉下心绪，守住寂寞，知行合一，将精益求精的匠人精神切实落在对产品、风控和客户服务等方面的具体劳动工作中，将以客户为中心的理念融入血液、深入骨髓，唯有如此才能真正淬炼出经得起时间检验的财富成就。

结语

"白发老农如鹤立，麦场高处望云开。"西风则雨，老农望晴。在当前百年之未有之大变局中，财富管理唯有与"精于工，匠于心，品于行，追求之所在"的劳动先生共舞，才能在长袖善舞的灵动中领会自然含蓄、天机妙悟、绵绵不尽的柔韧境界。∎

兴·文化 第 7 期

母亲的时光机与财富的加速器

◎ 杨润 贺卉

"灿灿萱草花，罗生北堂下。南风吹其心，摇摇为谁吐？"母亲对孩子的呵护与思念终其一生，儿女对母亲的牵挂也时时萦绕心头。母亲哺育生命，即使岁月如流、万水千山，母亲总如一台充满神奇魅力的时光机，带我们回到母爱的襟怀。母亲之光穿梭时空，既照耀我们攀登智慧高峰的一生，也照亮我们撷取财富果实的路程。

"灿灿萱草花，罗生北堂下。南风吹其心，摇摇为谁吐？"母亲对孩子的呵护与思念终其一生，儿女对母亲的牵挂也时时萦绕心头。母亲哺育生命，即使岁月如流、万水千山，母亲总如一台充满神奇魅力的时光机，带我们回到母爱的襟怀。母亲之光穿梭时空，既照耀我们攀登智慧高峰的一生，也照亮我们撷取财富果实的路程。

孕育之等待

"人初生，日初出。"宇宙弦理论说，在不断膨胀的宇宙中，有贯穿整个宇宙的能量管。母亲是我们生命的开始，母爱正是贯穿我们内心宇宙的能量管。无论我们走南闯北、在社会上多么成功，也无论我们名誉与地位高低，母亲总如一台时光机，能瞬间把我们拉回孩提的时代。依偎在母亲身边，我们仿佛从未真正长大过。

孕育是新生命的起源，新生命的到来需经历母亲"十月怀胎"漫长的等待。万物进化必有因，我们等待新生命健康发育，等待母亲与小生命之间情感的深化，等待父亲做好充足准备以适应新的角色。尽管孕育的过程是艰辛、煎熬、漫长的，但待新生儿呱呱坠地，一切付出与等待在这一刻都是值得的。自此之后，一个崭新的、充满活力的生命将迎来属于自己的舞台，欣欣向荣，蓬勃生长。

同样在财富孕育的过程中，等待与耐心是必不可少的。查理·芒格提到："如果你把我们15个最好的决策剔除，我们的业绩将会非常平庸。你需要的不是大量的行动，而是大量的耐心。你必须坚持原则，只要机会来临，你就用力去抓住它们。"作为世界上顶级的价值投资践行者，查理·芒格对投资机会的选择不亚于"十月怀胎"时期母亲对胎儿的精心呵护，正如其最根本的投资哲学——准备、纪律、耐心、决心。面对当今市场错综复杂、良莠不齐的投资机会时，我们更要保持耐心，学会等待。

成长之取势

"云海相望寄此身,那因远适更沾巾。"即使天各一方,母亲依然如一台时光机,母亲抚育我们成长过程中读书正业、孝慈仁爱、成就智慧的一幕幕历历在目,日积月累,聚沙成塔,蔚然成势,受益一生。

"孟氏三迁宅已荒,至今犹说断机堂……母贤子圣谁能似,故里千秋尚有光。"南朝·刘浚的《三迁教子》,颂扬了孟母之贤德。事实上,孟子能取得成就与孟母的培育息息相关。孟母三迁,前后迁居坟茔、闹市旁,最后迁居于学宫旁,取学堂儒雅之"势",让初解人世的孟子,能够在潜移默化中感受到学术之人高雅的气韵、从容的风范、优雅的举止与循规蹈矩的礼仪,对孟子日后成为仅次于孔子的一代儒家宗师起到了巨大的作用。

"君子谋时而动,顺势而为",财富管理也应取"大势"。但财富管理之势更为复杂,且不断变幻。大势的表现更多反映为市场的周期,霍华德·马克斯就曾提到"大涨之后必有大跌,大跌之后必有大涨"的市场周期变化。财富管理需要保持一种"周期"感,能大致判断出现在所处的重要周期的类型和位置,也知道周期信息所传达的含义,从而获得投资中的"大势"。财富管理过程中,我们需保持对"大势"的敏锐之心,避免周期顶端的下跌之势,抓住周期底部的上涨之势。

陪伴之收获

龙应台说:"母亲对子女的爱是生死不渝的,是始终如一的。"母爱是人世间最伟大、最无私的爱。我们的阴晴圆缺,就是母亲脸上的忧乐。无论天涯海角或者处于人生哪个阶段,母亲总如一台时光机,不经意间把我们带回一饮一啜、一针一线、<u>丝丝缕缕</u>、陪伴如初的日常点滴,成为时刻润泽儿女心灵的清泉。

"慈母手中线，游子身上衣。临行密密缝，意恐迟迟归……"孟郊的《游子吟》家喻户晓，但鲜为人知的是他一生坎坷、大器晚成。孟郊自幼丧父，由母亲将其抚养长大。然而孟郊年逾四十依然默默无闻，接连两次科举落榜曾使得他心灰意冷，唯有母亲始终伴其左右。也正是带着母亲的陪伴和鼓励，他四十六岁再考，终于进士及第。在知天命的五十之龄，他回想起这些年母亲的默默陪伴，为她献上了这一首母爱的赞歌。

郑振铎也曾提到："成功的时候，谁都是兄弟姐妹，但只有母亲，她是失败时的伴侣。"同样，财富的积累不是线性的，而是非线性的，当中会有反复，若想获得最终硕果，我们须懂得陪伴。

霍华德·马克斯在《投资最重要的事》中提到："每一位不愿意放弃优异表现、选择追求不同于指数投资目标的投资者，都会经历业绩欠佳的时候。特别是在狂热时期，训练有素的投资者是不愿意跟风的。"知名投资公司戈坦资本创始人乔尔·格林布拉特也曾提到："2000年以后，在投资业绩名列前茅的投资基金经理中，有79%的投资经理至少曾有三年的时间排名靠后。"但是就目前而言，大多数的投资者会追逐热门基金，而忽视跟随追求长期稳定业绩的投资经理。我们要充分认知到财富积累过程的曲折性，坚持正确的投资理念、方法，坚持与优秀的管理人才为伍，选择用更多的耐心去陪伴，静待功到自然成的收获季节。

"母亲卑微如青苔，庄严如晨曦，柔如江南的水声，坚如千年的寒玉，举目时，她是皓皓明月，垂首时，她是莽莽大地。"无论何时何地，我们总走不出母亲心灵的广场。在财富的孕育、成长与终将收获的过程中，母亲的力量始终像明亮的灯塔一样，指引我们穿越岁月风尘、战胜自己和磨难，照亮我们沿着财富人生的时间轴方向加速前进。

兴·文化

第 8 期

骆驼、狮子、婴儿与财富镜像

◎ 边维刚

人类精神演变存在一些共性的规律，虽历经时代变迁，依然宛如蜿蜒绵长的河流奔腾不息。尼采提出的"精神三变"：从骆驼到狮子再到婴儿的蜕变，或多或少地勾勒出我们每个人追逐理想的悲欣轨迹，也折射出财富攻守路途寻寻觅觅、道里悠长的光影镜像。

人类精神演变存在一些共性的规律，虽历经时代变迁，依然宛如蜿蜒绵长的河流奔腾不息。尼采提出的"精神三变"：从骆驼到狮子再到婴儿的蜕变，或多或少地勾勒出我们每个人追逐理想的悲欣轨迹，也折射出财富攻守路途寻寻觅觅、道里悠长的光影镜像。

沙漠之舟

骆驼是沙漠之舟，其忍饥耐渴的特性无可比拟，在没有水的条件下能生存两周，没有食物也可生存一个月之久。因此，骆驼象征着人生面对外部世界支配时的背负与隐忍。

"得成于忍"，也是《金刚经》的箴言。"不经一番寒彻骨，哪得梅花扑鼻香。"人生，从来就没有随随便便的成功，也没有轻轻松松的逆袭。

熬出来、撑下去、扛过来，这是坚韧付出的沉淀，是自我征服的果实。正如冯仑在《伟大是熬出来的》中所言，伟大不是管理别人而是管理自己。只要有恒心与坚持，你投入的每一份努力，未来都会回馈；反之，现在每一次偷的懒都会变成未来的困难。

"岁不寒无以知松柏，事不难无以知君子。"欲戴王冠，必承其重，财富管理的成功之路，也必是长期学习、耐心研究与不断磨炼、反复检视成败得失的艰辛历程。

伟大的投资都是熬出来的。面对资本市场这"既能载舟，又能覆舟"的汪洋大海，财富管理要经受得住长期航行的颠簸与寂寥，忍得住不从众、不贪心、不受诱惑、不受干扰。有时候，财富犹如沙漠中的海市蜃楼；有时候，财富又似乎总差一步唾手可得。面对各种不确定性，财富管理正需要以永不放弃的隐忍之心，在市场浮躁喧嚣中能保持清醒、在市场悲观气氛中拥有勇气的坚韧力量，正如那沙漠中负重跋涉的骆驼。

森林之王

狮子是森林之王，虎见之而伏，豹见之而冥，熊见之而跃，在大自然中，狮子意味着威猛和强大。因而，狮子象征人生对外部世界掌控的自主与无畏。

每一代人都有成为狮子的时代。毛主席曾经说过："年轻人朝气蓬勃，正在兴旺时期，好像早晨八九点钟的太阳。希望寄托在你们身上！"每个时代有每个时代的问题，每一代人都有自己的使命和责任，社会终归是在问题的产生并解决的过程中螺旋式进步的。"历史不会隔过任何一代人。"我们毫不怀疑，才华卓越、能力超凡的人迟早能脱颖而出，登上历史的舞台。

每一个人也都有成为自己人生狮子的阶段。甘为骆驼般经历磨砺，人的精神自然会变得越来越强大，直到成为心中的狮子。狮子精神能量越强，就越要自己驾驭命运、越要自己负责自己的自由，犹如庄子所言的"提刀而立，为之四顾，为之踌躇满志"的境界。活成狮子真是一件美好的事情，此时此刻，无尽的力量仿佛就是一个小太阳，既照亮自己，也温暖别人。

人生如此，财富管理亦如是。财富管理的狮子阶段由内散发出无限的创造力，领先的战略眼光和敏锐的市场洞察力厚积薄发，对自己"居善地，心善渊，动善时"的能力具有特别的自信力，当机立断。

在此阶段，对市场判断和扬弃的果断精准成为狮子王者气质的主要特征，市场热点带来的机会与投资收益率上的百舸争流更能激发其进取的动力。比如，狮子座的李嘉诚在投资上敢于"大手笔、大投资、大收益"让他得到更多的收获。"要永远相信，当所有人都冲进去的时候要赶紧出来，所有人都不敢玩时勇敢冲进去。"李嘉诚谈到他的投资哲学时，和巴菲特的"恐惧贪婪说"有着异曲同工之妙。

婴儿本真

婴儿意味着重新回归原点，是心灵的皈依。婴儿是新的开始，充满无限的希望，拥有无限的可能性。人生精神最后的阶段是返璞归真，是求诸于内、净化内心、回归初心。这是心灵的本真。

老子在《道德经》中说道："常德不离，复归于婴儿""含德之厚，比于赤子"，孟子曰："大人者，不失其赤子之心者。"对一个人最高的褒奖，是说他有一颗赤子之心，就是那种纯真、质朴、专注而无杂念的感觉，也是思无邪的状态。在中国道家修行体系中，也是"元婴"代表修行的大成和最高层次。诚然，人在经历成长的磨难考验之后，还能像婴儿一般单纯，满心喜悦地看待这个世界，这实在是修行的最大收获。

一蓑烟雨任平生。风雨兼程磨砺了从量变到质变的超然情怀。站在时间的长轨上，我们逐步看清未来的投资路线，投资风格越来越成熟，在自己深耕的领域不断积累深度的认知，不会再过于为市场各种波动和纷繁信息所干扰，财富管理如入"行乎其所当行，止乎其所不得不止"般游刃有余之境地。此时，财富管理的逻辑不仅回归于让投资产生与所承担的风险相匹配的现金流回报这一朴素原理，而且更懂得"弱水三千，只取一瓢饮"的分寸，投资底标更专注于发掘在我国巨大市场空间下源源不断产生的、在不同细分行业竞争中可能形成护城河的企业。

"高鸣常向月，善舞不迎人。"善弈者通盘无妙手，看似平淡无奇，实则大音希声，大象无形。财富管理返璞归真，最重要的是积胜势于点滴，化危机于无形，取全局稳当之胜。在识别必然性与偶然性、普遍性与特殊性的规律中去伪存真，这是一条需要时间慢慢熬成的跋涉之路。只有保持一颗纯真的赤子之心，锲而不舍，方能拨云见日终有时。"独立思考和内心的平静"也是巴菲特的第一投资原则。财富管理的旅程，正是要在惊涛骇浪、变幻莫测的市场中反复经受考验，升华修得内心静谧，才能看得更深远广阔，看清未来。

结语

心中若有桃花源，何处不是水云间。经历从骆驼到狮子再到婴儿的精神蜕变，水里的鲲终成为自由飞翔的大鹏。多见者识广，博览者心宏，奔跑者劲韧，曾经奋斗的岁月和山河，终将成就更优秀的自己。"人生最棒的投资，就是投资自己。最高贵的财富，也是自己。"只要是用心播种的财富园地，必有来去自由、烂漫无邪的满园芬芳！

兴·文化 第9期

《奉简高三十五使君》
唐 杜甫
当代论才子，如公复几人。
骅骝开道路，鹰隼出风尘。
行色秋将晚，交情老更亲。
天涯喜相见，披豁对吾真。

财富的湿雪长坡 摄影的斑斓光影与

◎ 杨仲宁　林晓铖　蒋丽丽

"花有重开日，人无再少年。"摄影是构图取舍、捕捉光影、记录过去的艺术。摄影不难，但成就一张好照并非易事。有时候选好了角度，光线却没了；有时候，站好位置，却没等来最好的动静。财富管理亦如此，通过投资锤炼心性，让生活更美好，但入门容易入道难，摄影的斑斓光影与财富的湿雪长坡存在异曲同工之妙。

"花有重开日，人无再少年。"摄影是构图取舍、捕捉光影、记录过去的艺术。摄影不难，但成就一张好作品并非易事。有时候选好了角度，光线却没了；有时候，站好位置，却没等来最好的动静。财富管理亦如此，通过投资锤炼心性，让生活更美好，但入门容易入道难，摄影的斑斓光影与财富的湿雪长坡存在异曲同工之妙。

入门不难，入道不易

"驿路崎岖泥雪寒，欲登篮舆一长叹。"有一位摄影者说过："在当代，摄影难就难在它太容易了，我至今难以突破自己，不知道该如何做。"难与易是当代摄影人的共识。

正如海格德尔所说，世界被图像化的过程正是"现代之本质"。世界已经进入全民共欢的视觉时代，图像已经成为推动社会生活发展的不可忽视的物质性力量。近年来，处处可见手执单反相机和专业镜头的普通摄影爱好者，尤其是老而弥坚的中国大爷们以其土极而潮的打鸟装备成为自媒体们追逐的焦点，大有后来居上之势。而随着手机硬件的不断突破，外加相机厂商的跨界加持，曾经正襟危坐的摄影，从未像今天这般唾手可得。

财富管理何尝不是如此？可支配收入的提高，让财产性收入成为居民日常收入中的重要一项。投资渠道的不断拓展，令投资的门槛不断降低。在投资类书籍长期霸榜、财富管理日益成为大众共识的当下，越来越多的人正怀揣着梦想，从理论走向实践。

然而，财富管理和摄影艺术一样，入门虽不难，入道却不易。小有所成后有意走上独立摄影师或职业投资人之路者多如牛毛，然而数年之后成者寥寥无几。显然，不论是摄影还是财富管理，想在这一领域内有所成就，一场磨炼身心于天时地利、领悟智慧于取舍的艰苦修行是必不可少的。

科学为体，艺术为翼

"西当太白有鸟道，可以横绝峨眉巅。"谈到摄影，人们常说："摄影是一门用光的艺术"。这句话蕴含着三层含义：摄影具有一定的科学范式，这些范式是构成一张合格影像的基础；摄影是时与机的结合，凝固了光与被摄物在特定时空下的状态；摄影是一门艺术，一张优秀作品的诞生，必然要经历一次精神的升华，而这正是摄影家卡迪埃·布列松口中的"决定性瞬间"。

财富管理何尝不是如此？"量价时空"，几乎是每位投资者入门时最常听到的一个词。如果说量和价是可量化且直观的反映，是科学在投资领域的应用。那么，时和空隐含的则是量价关系的动态演化对投资结果的影响。我们在进行策略分析时常说，"模糊的正确"好过"准确的错误"。在投资中，对于时（择时）和机（事件驱动）的把握，与摄影中对光与影的极致追求，颇有异曲同工之妙。

因此，正如看懂直方图是摄影者的必修课一样，看懂K线图亦是投资者的入门课，一张优秀的作品往往具有错落有致的明暗层次。然而，对于试图仅凭直方图或K线图，寻找一劳永逸成功秘诀的尝试，往往被内行嘲笑为"没有灵魂"。而灵魂，恰恰是在艺术鉴赏中常被提及的一个词。由此可见，摄影和投资一样，只有融入氛围，把握时机，方能拥抱卓越。

大众视角，个性审美

"醉乡路稳宜频到，此外不堪行。"对于摄影，诸多摄影者的起点往往是模仿。查理·芒格说过："我觉得先好好掌握别人已经整理好的知识才是靠谱的学习方法。我不认可那种闭门造车自己鼓捣出结果的方法，没人能那么聪明。"于摄影而言，这段话同样适用。大众视角提供了一个容错率极高的路径，而通过对大师作品的模仿，将理论运用于实践，也是大多数摄影者的必经之路。

财富管理何尝不是如此？格雷厄姆、巴菲特、彼得·林奇等大师的名字，大家早已熟知，而他们的言语也被粉丝奉为圭臬。即便是一些现今颇具成就的投资人，仍将每年一度的伯克希尔哈撒韦股东会称为"奥马哈朝圣"。由此看见，学习模仿在投资中的重要性，堪比其在摄影中的地位。

然而，查理·芒格也说过："模仿一大堆人意味着接近他们的平均水平。"显然，一味地从众和模仿，虽无大错，但终究难以升华。如何在千百度的寻众中，找到灯火阑珊处的那人，不仅是摄影者，也是投资者追求的更高境界。一如我们在财富管理中常提到"合适的产品匹配给合适的投资者"，各花入各眼的背后，恰恰是基于价值观所形成的独特品味起到了关键作用，一张好的摄影作品，它既能给人带来视觉的冲击和享受，更是一种思想和意境的传递，对于财富管理，它也需要通过长期投资、价值投资理念的引导，构建基于客户画像的适当性的科学资产配置体系，方能走得更远更长。

何以入道，唯有精进

"骓骝开道路，鹰隼出风尘。"在沉迷拍摄夕阳在大气散射中迷人一刻的那段时间，我曾偶遇过一位头发花白的老太太，她如数家珍般地和我讲起她和一群同龄爱好者一同外出拍日出和星轨的经历，着实让我惊讶。

一直以来，我以为"活到老，学到老"只出没于一些催人上进的段子里。然而当亲身经历之后，才明白那稀松平常的语言背后所蕴含的积极能量，恰如著名的《阿富汗少女》拍摄者说："我的生命是以想不断到处逛逛看看的急迫感所形成，而相机就是我的护照。"

财富管理何尝不是如此？巴菲特在10岁时就曾许下35岁成为百万富翁的心愿，如今，耄耋之年的他仍在不断书写着传奇。其实，价值投资知易行难，看似理念简单，实则门槛很高，很多时候都面临着种种考验和挑战。因为价值回归和价值兑现需要时间，而且这个时间可能长到难以想象。在一些宏观的、行业的甚至是公司的负面消息不断冲击下，或者当面对其他的股票或者组合涨得更多的时候，要忍住不被左右，冷静思考。崩而不动之毅力必须有一颗不平常的进精入道之心，这既是一种时间的沉淀，更是一种久久为功、驰而不息的坚持。

结语

"上有六龙回日之高标，下有冲波逆折之回川。"财富探寻之道就像一场磨砺远见与眼光去发现美丽的修行，耐不住寂寞就捕捉不到稍纵即逝的影像，无法体会六龙回日、冲波逆折这一瞬间给身心带来的愉悦。财富管理的成功不是比谁挣了更多，比的是谁更持久，谁更善于发现很湿的雪和很长的坡，让财富人生的雪球滚得更大更远。太多时候，我们不是没有看见光明的能力，而是没有坚持到黎明的信心。 ■

兴·文化 第 10 期

人生如舟 财富如舢

◎ 蔡孟奇

人生犹若行舟,一世征程走不休。或争流而上,或漂泊不定,或不进则退,舟船承载着我们每个人的梦想与坚强,历经风浪,驶向远方。细想之,财富又何尝不是一叶扁舟,在市场的激流中起起落落,载之覆之。人生如舟,财富如舢,心有澎湃,自成江海。

人生犹若行舟，一世征程走不休。或争流而上，或漂泊不定，或不进则退，舟船承载着我们每个人的梦想与坚强，历经风浪，驶向远方。细想之，财富又何尝不是一叶扁舟，在市场的激流中起起落落，载之覆之。人生如舟，财富如舢，心有澎湃，自成江海。

纵一苇之所如，凌万顷之茫然

觥筹交错之间，置身一叶扁舟，眼前的赤壁似乎燃起了数百年前的战火，耳闻箫声愈发幽怨，忽正襟危坐，忙问友人"何为其然也"？

元丰五年，苏轼因乌台诗案被贬谪黄州，正是一生之中最为颓唐之时，纵然此时扣舷而歌，但仕途失意，友人又何尝能得知？和歌的箫声如怨如慕、如泣如诉，一句"知不可乎骤得，托遗响于悲风"道尽一切。除了羡慕长江无穷无尽、羡慕仙人抱月永存之外，唯有将一切化为箫音，托寄在悲凉的秋风之中。

苏轼笑友人并非洒脱，而是逃避，并非看淡，而是憾恨。以江为景，以月为喻，道出"逝者如斯，而未尝往也；盈虚者如彼，而卒莫消长也"，时间如江水般流逝，但江水依旧存在，月有阴晴圆缺，但月亮依旧存在。

如果从事物变化的角度看，天地的存在只在转瞬之间；如果从不变的角度看，则事物和人类都是无穷尽的，因此不必羡慕无尽之长江、揽月之仙人，更不必"哀吾生之须臾"。这一叶扁舟，远不及当年赤壁，却也可"纵一苇之所如，凌万顷之茫然"，在这风月之间自得其乐。

人生无常，局势亦无常，身处逆境，更要乐观和豁达。我们的个人及家庭财富相比起社会财富来正如蜉蝣之于天地，粟谷之于沧海，微小的变化的确无足轻重，因此就无欲无求，随遇而安？不然。财富可能如赤壁之战中吴魏决战的艨艟战功显赫，也可能如贬谪黄州失意泛伐的轻舟渺小轻微，但无论过去是辉煌是落寞，无论过去是胜利还是失败，只要始终以澎湃之心将个人命运融入家国情怀与时代格局，自能信念如磐，初心恒定，风浪无惧，百炼成钢。

春潮带雨晚来急，野渡无人舟自横

　　望着河边繁茂的幽草，独步滁州西涧的韦应物逐渐放慢了脚步，不喜雍容的牡丹，不爱素雅的傲梅，他唯独喜欢这幽谷里的寂静生长的芳草。自安史之乱之后开始立志读书，常"焚香扫地而坐"的韦应物此时已官居滁州刺史，好静的他似乎在这幽草上寻得了共鸣，不高居媚时，不居功自傲，在不起眼的角落里孕育着能量。

　　忽然间，一声清脆的黄鹂叫打破沉思，他抬头远望，却不见鸟儿飞出，悦耳的叫声在脑海中回响，幽草的身影渐渐淡去，他是否也要像黄鹂一样在寂静的树丛中发出一声啼叫？他的声音能否穿越这清幽的滁州西涧直至长安，引起德宗一番思索？顷刻之间，雨声急骤，春潮裹挟着倾盆大雨在涧中横冲直撞，奔突而流，风云变幻如此之快，韦应物转身欲归，却见无人的小船在奔涌的水流中逐渐横向江心，一时间，他竟不知对这不系之舟是羡慕还是同情。

　　庄子曰："饱食而遨游，泛若不系之舟，虚而遨游者也。"于文人墨客而言，"泛不系之舟"的自由，是颇具吸引力的人生理想，但自由的另一面却是无力抗衡时局变幻只能任其摆布的事实。自由，也可能变成不自由。

　　财富正如渡口的无人小船一样，我们当然可以不加干预任其自由发展，但市场的变幻也正如春潮和骤雨一样，将财富的小船卷向未知的方向。我们无法精准判断春潮带雨出现的时机和影响的力度，但一条简单坚韧的绳索便能让小船锚定，这条绳索便是财富管理。当暴风骤雨袭来，财富管理的专业之锚至少能让小船在波动当中尽可能与渡口保持相对静止，不会飘向江心脱离掌控，并为择机逆势而上积蓄力量。在这个意义上说，搭建"客户引入—咨询服务—产品配置—需求挖掘—综合金融服务"一站式在内的财富管理生态圈，多一分为客户提供的贴心财富服务，就少一分散户投资者损失的风险。

长风破浪会有时，直挂云帆济沧海

金樽清酒，玉盘珍羞，面对这样隆重的饯别盛宴，嗜酒见天真的李白却是停杯投箸不能食。天宝元年，他奉诏入京，意气风发，空怀报国之心，却不为玄宗所重，还在小人谗言之下引得此番"赐金放还"，就此告别长安。

恍惚之间，李白眼前浮现起朝堂之上高力士狡黠的身影，愤然拔剑而起，四下环顾，竟不知挥剑何处，剑锋抵地，内心茫然。欲渡黄河，却被坚冰所阻，欲登太行，却被积雪所拦，一如自己的报国之路那番艰难险阻，真谓"行路难"。

满腔的怒火随剑锋而起，昂扬的斗志随剑锋而落，就此却步？就此隐退？不！这是"兴酣落笔摇五岳，诗成笑傲凌沧洲"的李白，是"仰天大笑出门去，我辈岂是蓬蒿人"的李白，是"天生我材必有用，千金散尽还复来"的李白，大唐有他才是大唐，盛世有他才是盛世，此番才能、此番自信，何用孤高比云月，何以却步？何以隐退？行路依旧艰难，险阻依旧存在，但绝不因此妄自菲薄、踟蹰不前，相信自己，相信未来，相信长风破浪的时机终将到来，扬帆踏浪，驶向沧海。

财富管理之路并不坦荡，行路亦难，市场也是变幻莫测，荆棘横行，但艰难困苦，玉汝于成。只有我们积极播下正念的种子，不断吸取资本市场知识的智慧，砥砺奋斗之志，发挥相信的力量，财富才能激荡共鸣，汇聚成江海。随着中国证券市场的进一步发展和成熟，投资者机构化的必然趋势将为客户持续创造红利。对经济发展大趋势的把握，对风险的提前预判，对结构性机会的认知和行动力，都将成为理念成熟、业绩卓然、有责任担当的财富管理人持续创造价值的自信来源，相信掌舵者对价值的判断和对市场的洞悉，能在市场规律的浪潮之中，寻得长风破浪的机会，直挂云帆济沧海。

结语

"昨日扁舟雨一蓑，满江风浪夜如何。今朝试卷孤篷看，依旧青山绿树多。"青山无恙，绿树常青，风浪终将平息，一切美好事物的生长终究不可遏制。只要逆流而上、精神不磨、勇气常存，就能达到青山绿水的理想境界，享受胜利的乐趣。只要我们心有澎湃，总有一种力量，为人生之舟把舵护航，让生命之树缀满果实，让财富成长之路开满绚丽的花朵。

兴·文化

第 11 期

财富之歌 天籁之音与

◎ 袁悦　黄犁之　陈旭

"兴于诗,立于礼,成于乐",自古以来音乐就被认为是人生修养的高级境界。1824年5月7日,维也纳凯伦特纳托尔剧院,一场盛况空前的演出剧终,掌声雷动,许多观众潸然泪下。作曲家本人虽听不见台下的欢呼与掌声,却依旧被这超乎寻常的激动场面感染以致昏厥。这就是传世经典《d小调第九交响曲》,也被看作是贝多芬在交响乐领域的最高成就。同样是对美好梦想的憧憬,在激荡起伏的资本市场中,谱写与奏响战胜市场云谲波诡和克服非理性情绪的财富管理乐章,实现财富绵延的复合增长,自然也是人们的共同向往。

"兴于诗，立于礼，成于乐"，自古以来音乐就被认为是人生修养的高级境界。1824年5月7日，维也纳凯伦特纳托尔剧院，一场盛况空前的演出剧终，掌声雷动，许多观众潸然泪下。作曲家本人虽听不见台下的欢呼与掌声，却依旧被这超乎寻常的激动场面感染以致昏厥。这就是传世经典《d小调第九交响曲》，也被看作是贝多芬在交响乐领域的最高成就。同样是对美好梦想的憧憬，在激荡起伏的资本市场中，谱写与奏响战胜市场云谲波诡和克服非理性情绪的财富管理乐章，实现财富绵延的复合增长，自然也是人们的共同向往。

第一乐章：缔造之声

弱奏与颤音呈现出遥远朦胧的远古景象，平静之中仿佛酝酿着前所未有的生命力。紧接着音乐由弱到强，如乌云压城般越发低沉压抑，地上的人们仰望天空，瞳孔中仿佛倒映出乌云背后那一片紫色汪洋。蓦地，一滴雨水从天而降，急先锋吹响了暴风雨的号角，仿佛打开了闸口，生命的力量崩腾而出。《第九交响曲》的第一乐章如同贝多芬首次将人声引入交响乐的创作一般，为世界展现出无限的万物缔造之美。

"满园春色关不住，一枝红杏出墙来。"缔造之美自由地绽放，蓬勃的生命力在花枝摇曳间迸发，如雾般飞散在天地之间，沁人心脾。跳动的创造之声虽无色无形，却如清泉流淌、老树抽芽，在单调画卷之中添上一抹动人的颜色。

中国资本市场从无到有，沉浮数十年，每次危机发出沉重的低音，都会引发更深刻的思考与更快速的创新，新时代的财富管理之歌并非是重复的老词，而是结合时代特点而催生出的如何让老百姓增强财富获得感的自我迭代和全新演绎。毋庸讳言，承担牵一发而动全身的资本市场建设主体的券商在金融行业中处于弱势，传统经纪业务的发展面临瓶颈，对满足客户的综合性财富管理需求服务能力不足等问题迟早会引起监管部门和行业自身的重视。对于投资者而言，需正确看待不同时段的潮起潮落，每一次危机都孕育着新的机遇，犹如皮球坠落原则，跌得越深，反弹越高，财富缔造的变局总是孕育在冬天，只要心怀希望、守得住"正"，春天的乐章就不会缺席。

第二乐章：刚毅之音

第二乐章中d小调的活泼快板与3/4拍的轻快节奏展现出蓬勃发展的积极情绪。尽管过程中依然充斥着斗争，但对生活的爱和对艺术的执着追求战胜了贝多芬个人的苦痛和绝望，苦难变成了他的创作力量的源泉。身残志坚的贝多芬坚信，人类终将战胜自身的黑暗，光明必将获得最终的胜利。

"锲而舍之，朽木不折；锲而不舍，金石可镂。"音乐的创作须秉持一颗贝多芬式的刚毅之心，唯有坚定，方能长存。近年来常有音乐人在网络上红极一时，却难以持续，究其根本终归是功力与积淀欠深。创作人内心一旦形成贝多芬式的刚毅坚强，无形之中会聚的神秘力量将使情感和意境倾刻升华，给人以身临其境的共鸣。

"有道无术，术尚可求；有术无道，必止于术。"金融市场云谲波诡、瞬息万变，随着外资券商进入、券商分类监管新规，券商财富管理面临更大的压力。财富管理转型或许难以一帆风顺，但财富管理机构应始终以刚毅之心，坚守专业为客户创造价值之道，保证客户创富、守富和传富的优质体验，用责任与担当谱写和奏出赢得客户信任的真章。滴水穿石非一日之功，对于投资者而言，也应拥抱财富管理机构化时代、积极吸取和借助专业机构的力量，以刚毅的心克服市场波动对情绪和投资耐心的影响，与可信任的财富管理机构共同走向更大天地的美妙乐章。

第三乐章：柔和之乐

进入第三乐章，扑面而来的，是一种宁静、祥和的气息，旋律柔美，节奏舒缓，渐渐将人引入贝多芬向往的意境。情感和心灵在此时微微碰撞，闭上眼，沉思将人带到一座与世隔绝的孤岛，在那里，没有人惊慌失措地赶路，也没有无节制的快乐。细听，仿佛有人在耳边呢喃，向你娓娓道来贝多芬发人深省的哲理。忽然，冲锋的号角声再次吹响，似乎是想打破这份宁静，但又似乎是在引发人们的追忆与思考，为这乐章增添一抹浪漫色彩，意在从内心世界出发，期望人们在通往未来的旅程中，放慢脚步，静聆旧时光，聆听那散落在时光里的呢喃细语与低吟浅唱。

柔和，是韧性，就像不倒翁一样；柔和，是力量，如滴水能穿石；柔和，是美人，属于刻在骨子里的内在。慢下来、静下心、摒弃浮躁，把握这有限的时间，试着去做、耐心走好、不断积累。子曰"欲速则不达，见小利，则大事不成"。任何事物的发展，非一蹴而就，其过程是循序渐进的，处世以缓，不急求成，尽管前行，无问西东。

面对新冠肺炎疫情的冲击，中国经济和资本市场依然具有柔韧性。财富管理的成功之路，必是在宏观周期与微观趋势的反复思考中坚定信念、行稳致远。财富管理机构应结合专业优势与客户日益增长的需求，秉持超凡耐心构建和完善符合我国资本市场新时代发展要求的财富管理体系，科学地将资源配置于客群、产品和服务，扎实推进财富管理转型，真正形成以客户为中心、以资产配置为核心的财富管理业务模式，满足各层级客户的财富管理需求。对于投资者而言，静下心来，读懂"柔"的智慧，也是读懂投资的必要内涵。投资虽无定法，但投资模式、买入卖出、止盈止损系统的柔韧性还是应该引起足够的重视。

第四乐章：欢乐之颂

伴随着一锤定音鼓的敲打，交织着铜管和木管乐器的乐声，进入乐曲的第四篇章，序章部分是坚强刚毅的，片段式地重复前三个乐章的主题后迎来渴望自由的欢乐旋律。《欢乐颂》的主旋律由低音大提琴缓缓奏出，逐渐扩大至管弦乐器和整个交响乐队，力度和节奏逐步增强，势不可当。号角声再次闯入，后有男中音领着人们渐渐发出内心的声音，揭开声乐的序幕，仿若一缕阳光突破浓密的云层洒向大地。"欢乐女神，圣洁美丽，灿烂光芒照大地"，耳边回响着席勒的这首《欢乐颂》，此刻我们进入到的是贝多芬的理想国度。

自古以来，人们对理想世界的追求从未停止，从柏拉图的理想国到托马斯·莫尔的乌托邦，从孔子的大同社会到陶渊明的桃花源，无不体现出人们对理想的孜孜追求。

"合抱之木，生于毫末；九层之台，起于累土；千里之行，始于足下。"我们也在不断追求实现财富管理的理想状态，致力于谱出一曲专属于财富管理的完美乐章。对于专业财富管理机构，凝聚理念共识，积累实践智慧，专业服务支撑客户信任，让客户安享财富管理实现的价值，方能持续为资本市场注入源头活水，谱写出流芳千古的欢乐篇章。对于投资者而言，投资理念与投资方法是不可缺少的音符。每一个投资人都应当对自有资金进行合理的规划，并进行适当的仓位管理。例如以永续仓位解决跟随国运、永不踏空的风险；以中期仓位解决的进攻与盈利充分放大的问题；以波段仓位解决避免反复坐电梯问题等。而与可信任的财富管理机构为伴，是获得长期复合盈利最理想的选择。

结语

"黄沙百战穿金甲,不破楼兰终不还。"财富交响之乐章多么壮丽曼妙,每个人都是徜徉其中的和弦音符。你和乐章的关系,决定你和财富的关系。奏响每日乐章,发现新的自我。曙光在前,我们唯有用更加娴熟的手指,弹出无边的音浪;用更为圆润的嗓音,唱出太阳的力量;用更加壮实的身躯,舞出那"相信未来"的苍劲笔体。

财富寻锚
红色道路与

◎ 王涌灵　陈蔚薇

兴·文化 第12期

每次到福建龙岩古田镇那座革命旧址，也会有这样的感慨——这里曾发生的波澜壮阔注定永久不息!永久是什么？永久是精神，永久是文化。90年前，一条思想建党、政治建军的光辉道路由此启程，星火从此燎原。对于财富管理而言，锚定破局思维、格局智慧和久远道路的基本问题，也是憧悟和引领"兴于远见，智享未来"的财富人生之力量源泉。

每次到福建龙岩古田镇那座革命旧址，也会有这样的感慨——这里曾发生的波澜壮阔注定永久不息！永久是什么？永久是精神，永久是文化。90年前，一条思想建党、政治建军的光辉道路由此启程，星火从此燎原。对于财富管理而言，锚定破局思维、格局智慧和久远道路的基本问题，也是憧悟和引领"兴于远见，智享未来"的财富人生之力量源泉。

破局之锚

欲穷千里目，更上一层楼

唐太宗曾言"以史为镜，可以知兴替，以人为镜，可以明得失"。1927年8月1日，南昌起义打响了中国共产党独立领导武装斗争的第一枪，开始了创建伟大革命军队的光辉实践。但是，面对错综复杂之局势，"为谁扛枪、为谁打仗"，建设什么样的军队、军队如何建设并没有成熟经验和国际先例借鉴。站在历史的洪流下，中国共产党人以超凡的破局智慧和远见卓识，开创了一条符合中国国情、具有中国特色的建军之路。

人生的财富管理亦是如此，正所谓欲穷千里目，就要更上一层楼，面对瞬息万变的市场，以长期乐观的思维与独特的视角，寻找基于深耕产业链和公司基本面的深度研究为基础的破局之锚，以均衡风险与安全边际、逆向投资为核心理念进行有效的资产配置，对于不断突破困局，捍卫我们的财富，稳享财富生活的乐趣至关重要。

"欲渡黄河冰塞川，将登太行雪满山。"任何伟大、深刻的事物发展都不可能是一帆风顺的，都要经历萌芽、发展的阶段并突破困局的考验，从而在实践中摸索出一条通往正确方向的道路。诚如财富的创造与积累，每当面临十字路口，对于具体项目、投资机遇和市场机会的舍弃决策绝非易事，但正所谓"骐骥千里，非一日之功"，回过头看，每一次高瞻远瞩的背后都将是时间的馈赠。

"行者常至，为者善成。"财富管理的前行方向正是基于世事洞明下的破局思维的深谋远虑。新冠肺炎疫情对社会和民众的冲击巨大，资产配置优劣将决定受此影响的程度。这势必进一步唤醒家庭财富管理的意识和影响投资者的心理账户预期，必然促使财富管理向复合型、个性化和主动管理模式转化，并进一步加剧财富管理行业两极分化趋势。顺之者昌，逆之者亡。作为专业的财富管理机构须抢占先机抓紧适应这种用户意识和心理账户的转变，敢于以破局思维提升组织活力、专业能力和服务水平，方能真正为社会和客户创造财富。

格局之锚

不畏浮云遮望眼，只缘身在最高层

"不识庐山真面目，只缘身在此山中。"世界包罗万象，身为人，难免会身在其中，也有无法看清庐山真面目的时候。财富管理的方式千千万，但每个人的情况不同，"投资无过去"，盲目跟随就有可能迷失自我。这就需要我们以格局为锚，以专业为舵，以能力为帆，把好财富人生的巨轮。然而由于个体禀赋差异与信息不对称的普遍存在，具有不畏浮云遮望眼的格局智慧并非一朝一夕之功。

因此，选择具有责任担当和专业进化能力的领航人在人生的财富管理中显得尤为重要。专业的财富管理一如带领党和军队走向正确道路的古田会议，能够审时度势、把握时机、不卑不亢，走向希望的正确道路。

"己欲立，而立人；己欲达，而达人。"面对越来越复杂的市场环境，作为专业的财富管理机构，理应具有基于新时代格局下为社会和客户创富、守富和传富的忧患意识与使命意识，适时进行自我转型与革新，科学地提供专业化、多元化的金融资产配置及家族财富规划，完善差异化交易、金融产品、投资顾问、科技运营等个性化服务的每一个细节，将专业做到极致，真诚地相伴客户携手探索财富人生的真正意义。

久远之锚

会当凌绝顶，一览众山小

格局越大，越能破局，站得更高，走得更远。古田会议确立了党对军队绝对领导的原则经久不衰，今天仍是强军的根本原则。延续荣光，圣火传承。如今岁月静好，山河无恙，国富兵强，中国在国际社会中发挥着越来越重要的作用，一支听党指挥、作风优良、能打胜仗的军队，对社会稳定繁荣发挥着至关重要的作用。

如今的古田小镇，那座承载了岁月与成长的建筑，在今天变成了我们学习红色文化、感受历史重量的宝地。小小一隅，却能够引发我们深远的思考。

在会议旧址，"古田会议永放光芒"八个大字熠熠生辉地照耀着以往历史和这一路走来的不易与崎岖。回顾党的奋斗历程，古田会议的光芒越发影响深刻，日久弥新。就是在这样的精神与文化中，红军才能由弱小到强大，走过长征和抗日，变成一支坚不可摧的队伍，不断由一个胜利走向另一个胜利。毛泽东曾喜悦地写下了"人生易老天难老，岁岁重阳。今又重阳，战地黄花分外香"的豪迈诗句。正是这样的精神与文化，感染和激励着一代又一代的人奋勇向前。

"江山代有才人出，各领风骚数百年。"时代的车轮滚滚向前，每个时代的财富掘金者既要顺应历史的潮流，更要挖掘新的机遇，拥抱新风口。正如资本市场不断地推陈出新，政策红利下往往也蕴含着巨大机会。唯有在传承中创新，方能在新时代下财富管理的康庄大道上策马扬鞭。

如今，精神文化上的财富可以从红色文化中不断吸取与传承，物质上的财富也可以通过红色革命的历史和经验掌握前进的脉络，尤其是面对现今错综复杂的市场环境与国际局势，我们更需要有不一样的破局思维、格局智慧与久远视野，透析事物前进的本质，坚定信心与耐心，方能登高远眺、乘势腾飞。

结语

"今日向何方，直指武夷山下。山下、山下，风展红旗如画。"烽火回望，透过卷轶浩繁的史料，追踪历史的跫音，红色道路虽历尽无数艰难险阻，却充满宏大破局的喜悦。财富人生历经磨炼，构成万里憧憬的羁绊的其实不是崇山峻岭、急流险滩，而是创造财富的信念和行动力。很多时候，当你坚持不了的时候，咬牙去做，这恰恰会是你的新起点。

夏至阴生与财富蛰伏

◎ 蔡孟奇

《周易》云："一阴一阳谓之道，继之者善也，成之者性也。"夏至，此番阳灼极致之日，却也是阳气始衰而阴气初生之时。夏至分为"鹿角解""蝉始鸣""半夏生三候"，各有寓意。很多人了解了依照天时一年分阴阳的道理，却鲜有人理解夏至一阴生、冬至一阳生的哲理。夏至三候在夏日炎炎与阴气初生里此消彼长，而财富则在市场的跌宕起伏之间蛰伏蓄能，厚积薄发。

《周易》云："一阴一阳谓之道，继之者善也，成之者性也。"夏至，此番阳灼极致之日，却也是阳气始衰而阴气初生之时。夏至分为"鹿角解""蝉始鸣""半夏生三候"，各有寓意。很多人了解了依照天时一年分阴阳的道理，却鲜有人理解夏至一阴生、冬至一阳生的哲理。夏至三候在夏日炎炎与阴气初生里此消彼长，而财富则在市场的跌宕起伏之间蛰伏蓄能，厚积薄发。

一候"鹿角解"

耐住寂寞，守住孤独

历经春日的滋养，夏天正是万物乘势生长的季节。灼日之下，树荫之间，新芽盖旧枝，繁花覆绿茎，正如董仲舒所曰："阳长居大夏，以生育万物。"但是在这样你追我赶、齐头并进的时候，鹿角却与万物生长的态势格格不入，甘愿在繁华喧嚣中孤独地选择与寂寞作伴。

夏至第一候是为"鹿角解"。古人将麋与鹿区分开来，认为麋属阴，在冬至日脱角；而鹿因角朝前，是属阳性的山兽，故在夏至日脱角。对于北回归线及其以北的地区来说，夏至日也是一年中正午太阳高度最高的一天，正因为如此，夏至也是太阳的转折点，这天过后它将走"回头路"，北半球白昼将会逐日减短。

值得注意的是，夏日"三伏天"气温的节节攀高并没有带来阳气的不断增长，相反却是阴气生而阳气始衰。阳性的鹿角开始脱落，这不正是自然万物阴阳、对错、成败、快慢、明暗等相互组成起来才为道的神秘兆示吗？冬季才是鹿的主战场，它并不需要为了迎合潮流赶上那狂热的节奏，而是在炎炎夏日里恬然自适，以地为邻、以石为伴，借助自然的力量脱去皲裂的旧角，为冬日的"逐鹿角斗场"积蓄力量。

鹿角在夏至因盛极而衰，看似是受制于自然规律，但又何尝不是对自然规律的驾驭？无论是市场还是财富本身，所有刻骨铭心的灼热前方未必绚烂，繁盛而极的顶峰的前方也未必是新的高度，对于与狼共舞、投资于个别热点行业、热点板块、热点产品的泡沫程度更应仔细甄别，并谨记盛极必衰的道理。在他人疯狂追赶之时，像鹿一般把握住自己的节奏，始终在可计算性、合理性和自我反思的三大准则上保持应有的理性，不被虚火鼓噪上火，知止不殆，孤独静穆，等待又一个冬至阳气复生的到来，周而复始。

二候"蝉始鸣"

蛰伏蓄能，鸣则惊人

幼蝉自落地时起，光明世界的柳暗花明便与它毫无关系，在黑暗的泥土下开掘前足吸收着植物汁液，开始长达数年的蛰伏，夏至日，蝉终于迎来厚积薄发的时刻。

夏至第二候是为"蝉始鸣"，雄蝉在夏至后因感阴气复生便鼓翼而鸣。数年的蛰伏并不会抹去蝉的锋芒，能量的积蓄便是为了在此刻释放，破土而出，羽化攀枝，以无人可比、无人能避的锐利蝉鸣划破夜空，正式宣告夏至的到来。咏蝉三绝里，世人将虞世南的"居高声自远，非是藉秋风"视为清华人语，将骆宾王的"露重飞难进，风多响易沉"视为患难人语，将李商隐的"本以高难饱，徒劳恨费声"视为牢骚人语，辞藻间，句句在说蝉却又不在说蝉，谁又何尝不想如蝉破土而出，如蝉尽栖高枝，如蝉声名远播。

在古代，蝉是复活与永生的象征，蛰伏是为了更好地复出，无论卧薪尝胆，还是韬光养晦，不外乎是能量的积蓄和适当的"钝感"。在财富管理领域，能否创造持续的Alpha收益，往往不在于某一种交易技巧，而是在对于价值投资与行业理解的深度，并在此基础上对于投资标的的长期跟踪与坚持守望。此外，在财富管理上选择了定期投资，或许是像幼蝉一般蛰伏的较好方法，埋没于黑土之中保持钝感，不理会市场的聒噪碎语，日复一日，年复一年，默默积蓄能量，总能等来厚积薄发的时机。长期定投需要勇气，需要意志，需要忍耐，时光久了，就知道似蝉蛰伏的价值。

三候"半夏生"

相生相克，阴亦可生

原本无人问津的野草，本身喜阴，多长于沼泽地或水田之中，得名"地文"，又称"守田"，因常在夏日之半生长而又增获一颇具诗意之名——"半夏"。

夏至第三候是为"半夏生"，仲夏炎热，阳性的生物开始衰退，而像半夏这样喜阴的生物却开始生长。老子言："天之道，损有余以补不足。"凡事皆有物极必反之理，天地之间，阳并非全好，而阴也非全歹。牡丹喜暖，冬青喜冷，绿萝喜湿，胡杨喜旱。许多看似挫折和衰败之势，其实并非全是坏事，正所谓"祸兮福之所倚，福兮祸之所伏"，切忌局限自己的思维，要用全局和长远的眼光来看待问题，万物多向阳而生，但尚有半夏向阴而生，"阴"又何尝非是不好的存在呢。

金融市场中，从来就不是只有追求涨才可带来收益。有人说，世界投资大师罗杰斯的很多空头策略也是价值投资的另一种反映。随着中国金融市场的逐步放开，金融产品不断创新，包括融资融券、股指期货等衍生品的不断完善以及交易工具越来越复杂，未来家庭的资产配置选择也会越发丰富，在自己的财富管理中加入像半夏这样喜"阴"的配置，并善于在交易品种的偏离值找到绝对收益的机会，或许也是战胜市场、管理风险的有力武器。因此，黑天鹅、灰犀牛、产品回撤等历史进程中的必然插曲并不全是坏事，只要常对市场抱敬畏之心并为此做足准备、善于运用风险管理的工具，在下跌之时亦能"向阴而生"。

结语

"东边日出西边雨，道是无晴却有晴。"市场变幻一如夏天的雨不可捉摸，来则气势滂沱，去则悄无声息。"人法地，地法天，天法道，道法自然。"只要我们顺应和体会"孤阴不生，独阳不长"的天道、人道、事道，辩证地看待"阳"，合理地利用"阴"，适时进退、积蓄蛰伏，财富管理自然能在这瞬息万变、阴晴不定的市场中长成大树，硕果累累。

兴·文化

第 14 期

《竹石》
清 郑燮

咬定青山不放松，
立根原在破岩中。
千磨万击还坚劲，
任尔东西南北风。

百舸争流 粽纳山河

◎ 马毓莹　郑可栋　蔡孟奇

"五月五，是端阳。门插艾，香满堂。吃粽子，洒白糖。龙舟下水喜洋洋。"端午习俗，凝结了中国人对生活经验的仪式化应用，最终得以穿越时间，跨越地域，又自然而然地渗透在文化之中，所蕴含的智慧也给财富管理留下启示。

"五月五，是端阳。门插艾，香满堂。吃粽子，洒白糖。龙舟下水喜洋洋。"端午习俗，凝结了中国人对生活经验的仪式化应用，最终得以穿越时间，跨越地域，又自然而然地渗透在文化之中，所蕴含的智慧也给财富管理留下启示。

端，有初始、恰好等美意，因此，端午自然应该有使"午"变好的寓意。在古人看来，端午临近中夏，日暖而虫多生。古人称这天是"恶月恶日"，于是人们插菖蒲、艾叶，薰苍术、白芷，喝雄黄酒、戴香囊、包粽子、赛龙舟等。用各种隆重的方式，来避开五毒，驱邪禳灾。

古人的物质条件是有限的，然而他们十分用心地防范疾疫。从纯天然的艾草菖蒲，到粗加工的雄黄酒和充满趣味的香囊，再到包纳百川山河的粽子、激昂奋进的赛龙舟。中国人凭借自己的智慧和力量，将凶险的"恶月"过成了安康的"端午"。端午的灵魂中本就蕴含着顺应自然、战胜磨难的大智慧：永远以包容和积极的心态，去面对挑战和困难，才能变被动为主动、化危机为机遇。

粽子，简简单单却包含种种变化。中国人的山川湖海，中国人的厨房与爱，以包容的姿态，被两片粽叶紧紧包裹起来，成为千百年来，最受人欢迎的端午节食，融入各个地方的饮食文化中。

甜粽回甘，咸粽余鲜，各有风味，又皆竹漫清香，软糯可口。"包容"二字可谓是对粽子内在寓意的最好概括。管理规划自身财富又何尝不应如此？不同资产都有各自的秉性与脾气，权益类资产长期可为投资者带来可观的收益，但波动却并非所有人都能接受；固收类资产虽然波动较小，但收益水平也有限，前段时间的债券市场的调整导致银行理财产品的浮亏，更是让不少投资者心有余悸。

组合配置包容性最佳。不同资产在不同时间的经济周期与政策区间中会呈现出不同的风险收益特征，但当他们按照一定的比例搭配在一起时，资产之间的负相关性又能使得他们能够相互取长补短，形成新的整体。如同粽子本身，只有当粽叶、糯米与馅料三者相互形成一个整体时，才是最佳的组合与搭配。

同样，粽子的包容性不仅体现在对不同馅料的兼容，更体现在对不同习俗、不同习惯、不同口味的包容，财富管理也是如此。每个人对收益的预期不同，对波动的承受度不同，对风险的认识程度不同，对流动性的要求不同，必然最终对财富与投资的要求也不同。但他们之间并不存在好坏、高低之分，都是财富管理所应尽力服务的方向。

因此，财富管理的逻辑不仅回归于让投资产生与所承担风险相匹配的回报补偿这一原理，而且更应懂得"履不必同，期于适足"的分寸。

石榴花红五月天，赛龙船、庆端阳，是端午节的重头戏。激昂的鼓点，震天的呐喊。齐桨划破水面，鲸喷海浪飞溅。条条长舟飞龙般疾驰，水鸟般轻盈。你追我赶，百舸争流。龙舟不仅传承了中国传统文化，还蕴含着众志成城、奋勇争先、乐观向上的生活态度和人生态度。

某种程度上，权益类资产的配置就和赛龙舟一样——百舸争流，奋楫者先；千帆竞发，勇进者胜。我国的资本市场正处于前所未有的历史转折期，有人对此乐观，也有人对此悲观。但历史的航船从来都不是一帆风顺，胜利的道路也并非一片坦途。

悲观的人往往是正确的，但是成功的人多半是乐观的。我们需要清醒地认识到经济转型中面临的各种困难，但更应该看到我国经济潜力足、韧性强、回旋空间大、政策工具多的基本特点没有改变。全球最完整、规模最大的工业体系，1亿多市场主体和1.7亿多受过高等教育或拥有各类专业技能的人才，包括4亿多中等收入群体在内的14亿人口所形成的超大规模内需市场。这些都是中国经济乘风破浪、行稳致远的"家底"与"资本"，也是我们长期配置权益类资产的底气所在。

目之所及，心之所向。只要我们方向不变、力度不减，保持"任尔东西南北风"的定力，树立"不畏浮云遮望眼"的自信，拿出"敢教日月换新天"的气概，鼓起"不破楼兰终不还"的劲头，就一定能够化危为机、在变动中突破。越在低谷时，越要独立思考，不困于眼前。对未来保持理性与乐观，并毅然对资本市场蓄势待发做足准备，正所谓"潜龙在渊，待时而动"。

当然，多数情况下资本市场不是按照固定增长率"线性上升"的。别出局，才能在长期投资中受益。所以，我们不仅要有"进"的动力，更要有"稳"的定力。几乎每一次危机都会带来巨大的财富损失，但除了本性的恐惧与逃避，我们还必须有应对与化解之道，要给财富的不确定性戴上一个"香囊"。

配置上，增加债券、黄金等与权益资产相关性较低资产的配置，不仅能有效提升组合的风险收益比，还能平抑波动为投资者的心态护航；策略上，在充分认识自身风险偏好的前提下，设定最大的止损线，防止最坏的情况发生，保证自己永远不会出局；心理上，不断培育自己对于风险及波动的承受及认识能力，既要尽力而为，又要量力而为。

粽中纳百川，胸中有山河。端午习俗展示着一个民族灵魂深处以积极态度对抗困难的永恒诗意，贯穿着现实生活灿烂悠远的色香。百舸争流，奋楫者先。面对市场的种种不确定性，财富管理更须兼容并蓄、未雨绸缪、调适内心去探寻财富"心之所向，身之所往，终至所归"之路。

兴·文化

第 15 期

《颂古五十五首其一》
宋 释绍昙

春有百花秋有月，
夏有凉风冬有雪。
莫将闲事挂心头，
便是人间好时节。

自由的双螺旋阶梯
禅宗十牛图与财富

◎ 边维刚

世界上大多金融中心，都伫立着几尊铜牛，或恃高奔腾，或仰首冲天，它们承载着人们期盼牛气冲天的金融梦，构成了世界金融史上独特的牛文化。在古老的中华文明中，牛文化由来已久。12世纪，中国禅师廓庵《十牛图颂》，成为禅门中的至宝，它用图画和诗词的艺术形式表明修行的次第与境界，向人们揭示了追求理想包括财富，必须有一个循序渐进的过程。

世界上大多金融中心，都伫立着几尊铜牛，或恃高奔腾，或仰首冲天，它们承载着人们期盼牛气冲天的金融梦，构成了世界金融史上独特的牛文化。在古老的中华文明中，牛文化由来已久。12世纪，中国禅师廓庵《十牛图颂》，成为禅门中的至宝，它用图画和诗词的艺术形式表明修行的次第与境界，向人们揭示了追求理想包括财富，必须有一个循序渐进的过程。

第一阶梯"信而见牛"

寻牛→见迹→见牛

十牛图的思想基础，源自《六祖坛经》的见性法门，支撑整个十牛图的，其实强调的始终是"信"字。一切修行和努力的目的，没有不是从"信"出发的。

"茫茫拨草去追寻，水阔山遥路更深"，牛藏在泥沼里，与泥巴混为一色，岂会是一般的功夫能找到（寻牛）？然而，无论你信与不信，牛又一直就在那里，在水边，在林下，牛的足迹毕竟是藏不住的（见迹）。只要你信而出发，聪耳慧目总使牛无法躲避（见牛）。

"内心不渴望的东西，不可能靠近自己。"在人们的观念中，牛是财源滚滚的象征，留住了牛，也就留住了财富。因为相信科学的投资规划能充盈财富，以"确定性"的收益来应对"不确定"的风险，所以即使财富管理道路如"雄关漫道"，人们也愿意为心中的"牛"乐此不疲。

在生生不息的资本市场中，大类资产、行业、主题和个股不同"牛"的轮换变动一直精彩纷呈。如果不敢打破心中的"黑漆桶"，又哪能拥抱和分享科技迭代与经济发展带来的财富效应？无论怎样，"牛"实际上一直就在那里。只要敢于以"信"调摄此心，耐心照循着一定的规律和方法，日久功深，自然有见迹见牛的入处和结果。

第二阶梯 "气吞斗牛"

得牛→牧牛→骑牛归家

胡文焕云:"看兰孙,气吞牛斗,知不是等闲人。"驱动人们进取的动力究竟是什么?人为躯体,牛乃自性,鼻索为要害,以多大胆魄鞭策心牛,承受加于躯体的磨炼痛楚,就决定堪当大任的层次。

"有时才到高原上,又入烟霞深处居。"只要功夫到家,觅得心牛并给自己的牛按上鼻绳终将水到渠成(得牛)。然心牛野性犹顽,须紧拉着牛绳精心地调伏、牧养这条心牛(牧牛)。心牛一旦被驯服,妄想即被调适,本心清明澄澈,自然可以笛横牛背,骑牛归家,可谓身形合一,随心可驭也(骑牛归家)。

资本市场的探索没有止境,像是一个永远充满机遇的斗牛竞技场。它本质上是一个暗流涌动的财富再分配场所,推动牛心起伏的人性博弈、不断波动中K线的跳动脉搏,恰恰是形成"得牛"和"牧牛"的肥沃土壤。而跑赢市场的长期稳定的收益增长,一定离不开斗牛士般的魄力本领。

综观全局,要认清和抓住改革红利、政策宽松、科技迭代等"历史牛"的趋势和空间,这是财富管理的战略任务,也往往能成为最大的赢家;对于基于高股息、深度价值、周期成长和估值回归驱动的"结构牛",需以清晰的投资逻辑做时间的朋友;而重组、量价、低价股与热门股的"战术牛",也是良好的"空中加油"的机会。总之,经过深度牧养的沉淀,让我们持续增厚的回报皆有因可循,牛上笛横心上曲,知音者自当会心一笑。

第三阶梯 "白牛腾云"

忘牛存人→人牛俱忘

"白牛常在白云中……白云明月任西东。"露地大白牛被比喻为修行上的最高境界，相忘于江湖的"白牛"，功成事遂，随缘生发，无喜无嗔。其实每个人都可以内心自由、与众不同，像"白牛"一样，绳索自拽，踩着白云，飘洒自如。

"骑牛已得到家山，牛也空兮人也闲"，牧童骑牛回家，此时内心俱足，已无寻牛之恼，无妄心可调，可谓无心有体（忘牛存人）。白牛自在之光，举凡善恶美丑、是非得失等相对观念，如同片雪投炉，销熔于烈焰，此时才是祖师心体俱无的禅境（人牛俱忘）。

财富管理是投资的艺术，投资交易是一生的修行。"天之道，损有余而补不足；人之道，损不足以奉有余。"顺应天道、遵循人道、熟谙王道，跨越过于功利的阶段，财富管理最终将走向纯熟境界。

"天下无粹白之狐，而有粹白之裘，取之众白也。"财富管理由心开始，次正理念，再次策略，最后技术。投资理念方法成熟，投资工具了然于心，仓位管理进退有度，交易纪律恪守于心，辅以衍生品的风险对冲，"行到水穷处，坐看云起时"，投资终将进入"白牛"腾云般游刃有余的境界。

第四阶梯 "财富自由"

返本归源→入廛垂手

"慈悲喜舍入世来，利益群生乐满腮。"修行回归清净本源，力量释放慈悲光辉，使顽石点头，枯木开花，擎领时代习气，帮助众生走出轮回的洪流。

"返本还源已费功,争如直下若盲聋",此时如聋似哑,主体置身万象之中,而又超然物外,静观万物的荣枯流转,可谓身心皆于自然一体(返本归源)。因行者身心皆自在故,得转一切外境,禅者素面化导众生,将自己所证悟与众人分享,毫不倦怠,可谓以自然之道度化众生之极高境界(入鄽垂手)。

"获山水正气,极天地大观。"在投资界,时间就是财富。历经时间洗礼和市场考验的持久成功,自带山水天地的光辉,可以让你的心更成熟,智慧也更圆满。所有的回音,都来自内心,在资本市场上纵横捭阖的同时,要时刻检视让自己成为对周围和社会负责任和有用的人。而作为专业投资机构,最大的功德其实莫过于创造更高的投资收益和资源配置效率,提升客户的盈利体验。

积善之家,必有余庆。从真正意义上讲,财富最终是属于整个社会的,个人只是财富所有的记名者。财富自由的最高层次是,在利用财富让生活富有艺术和诗意的同时,更多地积德行善,让财富"光彩焕发,转动照人"。

结语

春有百花秋有月,夏有凉风冬有雪。《十牛图颂》以神秘的禅悟直觉体验,揭示万事逐渐演化的阶次用功方向。财富自由的瑰美景观,必定是"始于信达于行;成于心久于善"的一体演进过程,也是深耕精进与修身正己的"双螺旋结构"共同催化的光辉。

兴·文化 第 16 期

《小儿垂钓》
唐 胡令能

蓬头稚子学垂纶，
侧坐莓苔草映身。
路人借问遥招手，
怕得鱼惊不应人。

童真常燃与财富无界

◎ 刘馨如　陈蔚薇

一世童真，一生灵气。无论岁月如何变迁，在每个人的内心深处，童真之光与亮，犹如与地球相隔一亿多公里的炙热太阳。如果说人生是一场苦旅，点燃的童真便是朝阳升起时荡漾在清泉中的一抹金光，耀眼、灵动、自带能量，而弥足珍贵。童真中所蕴含的简单纯粹与无惧无邪出于本心、行于常道，其实也正是财富"取与以时而息"、积蓄有馀、行而无界的自驱力量。

一世童真，一生灵气。无论岁月如何变迁，在每个人的内心深处，童真之光与亮，犹如与地球相隔一亿多公里的炙热太阳。如果说人生是一场苦旅，点燃的童真便是朝阳升起时荡漾在清泉中的一抹金光，耀眼、灵动、自带能量，而弥足珍贵。童真中所蕴含的简单纯粹与无惧无邪出于本心、行于常道，其实也正是财富"取与以时而息"、积蓄有馀、行而无界的自驱力量。

追兮溯兮，始于本心

《三字经》中的"人之初，性本善"，与老子所说的"常德不离，复归于婴儿"，以及尼采主张人精神三变的最高境界"婴儿"，可谓是殊途同归。道家的大道至简实质也就是童真中所蕴含的简单纯粹之天然本心。

"蓬头稚子学垂纶，侧坐莓苔草映身。路人借问遥招手，怕得鱼惊不应人。"我自溪头垂钓，任凭世俗纷扰。本心的纯真仿佛让世俗得以过滤，让世界更加辽阔。在孩子的眼里，邪恶的"大灰狼"会被打跑、"王子和公主"会过着幸福快乐的日子……因此，孩子可以瞬间破涕为笑，只管茁壮成长。

财富管理亦然。每个人都是建设光明和秩序之城的一块砖石，财富的多寡丰俭，与我们对待建设的本心密切相关。我们怎么参与其中，财富也怎么对待我们。财富始终是积极、向上的果实而非消沉负面的因子，点燃童真可以唤醒自身的灵气，获得更广博的阳光，永葆对资本市场和财富未来的热忱本心。

"少无适俗韵，性本爱丘山。"事实上，对于很多家庭来说，财富管理的价值贡献早已超过本职工作的收入积累。工作总会退休，但财富无界，财富管理创造价值犹如深植内心的童真一样，呼之则醒、点之则燃、终身享用，并在家族传承中持续获益；可以不受身体状况、知识结构和时间投入等条件的限制，只须常燃童真，对未来抱长期之乐观，积极借助专业的财富管理机构，资产合理布局，几乎完全可以持续躺着赚钱，正如溪头垂钓的纯真儿童，鱼儿不早已跃然在心吗？

盈兮缺兮，蓄积有馀

"弄尘复斗草，尽日乐嬉嬉。"缺乏成熟心智、入世阅历、周密思虑的孩童们，恰恰是如此快乐充盈。他们简单、纯粹，没有糅杂，几块石子，一根树枝，简单的方格，便能收获一天的喜悦和满足。

"三岁看大，七岁看老"，孩子犹如一张白纸，而画出一生最美风景的不正是童真吗。对于孩子来说，童真最难能可贵的，莫过于怡然自得。他们总是兴趣盎然地重复做简单的事情，兴致勃勃地用心做重复的事情，在看似简单无趣的事物中日渐积累着最为纯粹的快乐和成长的智慧。杨万里因此有诗吟："日常睡起无情思，闲看儿童捉柳花。"飘飞的柳絮，也大抵只有儿童才能如此专注的乐享其中。

财富管理亦然。《南村辍耕录》言："一事精致，便能动人，亦其专心致志而然。"投资成功的秘密也许简单到不可思议，那就是纯粹些、长远些。时间久了，就知道在认知边界内纯粹于价值投资的"确定回报率"的持续生命力，以及"举动适时，自得其所者，所适皆安，可以长久"的复合收益率之神奇魅力。

值得一提的是，"尽可能赚更多的钱"或许是当前财富管理的通常误区，因为这容易导致风险因子的过多暴露。以童真之心加深对风险与收益形影相随这一朴素常识的理解，可以更为从容地应对起落、沉浮、高峰与低谷的净值波动的考验。针对股票、债券、商品等不同风险和收益特征，财富管理要做的不是"欲与天公试比高"，比谁赚最多，而是科学规划一张最适合自身家庭实际的资产负债表，张弛有度，蓄积有馀方能行稳致远。

寻兮觅兮，行者无界

"路漫漫其修远兮，吾将上下而求索。"点燃童真，唤醒自身的灵气，别让世俗挡住我们的好奇心、求知欲和行动力。孩子最不能忍受的不是生活的清苦，而是生活的单调、刻板、无趣。远如恢宏浩大自然，近如生命个体本身，皆是激发孩子好奇心和行动力的"舞台"。铁道旁赤脚追晚霞，石桥下皮筋捉迷藏，几乎每个孩子都热衷于在生活中寻找、发现、创造有趣的事物，并报以欢笑。

"行者无界，三年耕耘九年储，仓谷满盈。"爱因斯坦曾说："我没有特别的天才，只有强烈的好奇心。永远保持好奇心的人才是进步永远的人。"童真与好奇，让我们挣脱碎片化的樊笼，有动力进行深度思考，不断突破表面的舒适区，孜孜不倦地探究这个世界。只要我们善于将时间这根线织成布，把童真的天然织进去，织成的图案就是最美好的未来。

财富管理亦然。"日拱一卒无有尽，功不唐捐终入海。"我们可能终生都在追寻财富，但过于急切追求财富的意愿反而成了自由生命的枷锁，当我们不再对财富念念不忘时，反而更能自如地收获真实、永恒和最高级的财富。

中国资本市场正迎来新一轮的大发展：受供需双侧因素驱动，在未来5~10年，中国证券化率将可能从当前的60%左右提升至100%附近，总市场相比当前有翻倍的空间。重新审视自身的资产配置，适度跳出低风险及流动性的桎梏，寻求更为适合的风险与收益相匹配的赛道，适当加大权益布局，或许大概率能稳享"天堑变通途"的喜悦。

结语

"夫童心者，绝假纯真，最初一念之本心也。若失却童心，便失却真心；失却真心，便失却真人。"童真为我们打开了一个辽远开阔的宇宙之门，点燃童真突破自我的界限，赋予财富以长久绵延的张力，财富就是没有边界的。正如《史记·太史公自序》云："布衣匹夫之人，不害於政，不妨百姓，取与以时而息财富。"这便是财富积跬步以至千里的本真了。

兴·文化 第 17 期

财富钝道 阿甘之傻与

◎ 邓希 魏威

《阿甘正传》是电影史上的一部经典之作，荒诞又温暖的剧情交织着现实和理想主义，涤荡与慰怀着每个观影者的心灵。男主人公阿甘憨愣迟钝，坚持做着聪明人眼中的"傻事"，最终却超越了大多数聪明人，在多个领域都取得成功。"傻人有傻福"的阿甘人生也为我们带来"财富钝道"的启迪。

《阿甘正传》是电影史上的一部经典之作，荒诞又温暖的剧情交织着现实和理想主义，涤荡与慰怀着每个观影者的心灵。男主人公阿甘憨愣迟钝，坚持做着聪明人眼中的"傻事"，最终却超越了大多数聪明人，在多个领域都取得成功。"傻人有傻福"的阿甘人生也为我们带来"财富钝道"的启迪。

傻与真："做傻事的才是傻瓜"

"做傻事的才是傻瓜！"虽智力不及常人，但每当别人说他傻，阿甘总用这句话回应。那些被旁人用来形容阿甘"傻"的事情在他自己看来并不是"傻事"：戴着腿箍行走，有人说他傻；在受欺负时逃跑，有人说他傻；记住了诀窍是视线不离开球所以打球从不眨眼，有人说他傻；用两万五千美元买捕虾船，有人说他傻；选择与堕入风尘的珍妮结婚，有人说他傻。尽管被质疑和嘲笑包围，阿甘的"傻"却始终未变，纯真如初，坚持不懈，也从未奢求什么。这又何尝不是一种"大智若愚，大巧若拙"的真智慧。

鲁迅在《狗的驳诘》中写道："我终究是一个能够分辨'铜与银、布和绸、官与民、主和奴'的人。"在财富之路上，我们也很容易活成鲁迅先生笔下那模样：面对世事纷扰，敏锐地分析着好与坏，匆忙地预测着涨与跌，大国博弈、疫情肆虐、资产波动，身处其中，哪一件看起来都是天崩地裂，催促着回应和抉择。这些念头就像天空中的云朵，而我们内心就像湛蓝的天空，起心动念之际，正是这些云朵飘来之时，那些涌上来的情绪，就像满天的乌云，遮蔽了蓝蓝的天空。而世殊时异，回头发现这不过是上千万年人类发展历史中的秋毫之末，当时自认为做的"聪明事"，事后看往往不是正确的选择。

"流水下山非有意，片云归洞本无心。"查理·芒格说："凡事应往简单处想，往认真处行。"现代社会日趋复杂，以个人能力之有限应对经济社会运行关系之无限，无异于蚍蜉撼树。阿甘的"傻"正是渡边淳一所描述的"钝感力"，这股"迟钝的力量"使阿甘拥有异于常人的真挚与纯真，不加遮掩、不受裹挟，而又事事尽心竭力。在财富管理的道路上，面对时事动荡和财富波动，不妨试试阿甘式的"傻"与"真"，在刺激和回应之间留一段距离，不被裹挟，不沉浸其中。

傻与能："跑，福雷斯，快跑"

"跑，福雷斯，快跑！"当台词首次出现时，童年的阿甘奔跑着甩开了同龄人的捉弄和嘲笑，他第一次体会到奔跑能帮助自己躲避他人的欺辱。伴随着这句台词之后的反复出现，阿甘奔跑于各种场景：他冲锋于橄榄球场，救人于枪林弹雨，跑上乒乓外交台，跑遍美利坚……最终跑出人生的绚烂。正是阿甘的傻让他对生活的种种有着天生的钝感，面对命运，他所做的仅仅是将他能做到的做到最好，心无旁骛专注于奔跑的"能力圈"，才让这一原本用来逃跑的手段逐渐形成自己的超能力。

孙子有云："昔之善战者，先为不可胜，以待敌之可胜，不可胜在己，可胜在敌。"擅长作战的人善于先打造自身不可被战胜的条件，再等待对方可被击破的时机暴露。建立并发挥自己的优势本是人之常情，人们在生活中做抉择时总会从自己擅长的角度出发，而换到管理财富时常常踏入从未涉猎的领域，汲汲营营向外界求取财富密码，但从不会反求诸己，其结果难免"行有不得"。

在财富管理中，我们也应该以钝感和耐心知晓和打造自己的"能力圈"。巴菲特说："如果说我们有什么能力，那就是深知要在我们的能力圈范围内把事情做好，以及知晓可能的边界在哪里。"查理·芒格也说："我只想知道我将来会死在什么地方，这样我就永远不去那里了。"在"能力圈"内反复磨砺所能产生的超能力，正如同阿甘的"傻"带来他的"能"，不逾矩，则无畏风险，守方圆，则可得进退，方寸之间，也有自由天地。

傻与成："生活就像一盒巧克力"

"生活就像一盒巧克力，你永远不知道下一块是什么味道。"这应该是电影中最经典的台词，也揭示了阿甘如何成就传奇一生。全美橄榄球星、战功卓绝的越战英雄、中美乒乓外交大使，开创捕虾事业的亿万富翁，最终归隐田园的慈善家，每一项对普通人来说都是不菲的成就，然而这个被上天眷顾的宠儿却从未预设过自己的人生，当珍妮问他"你以后想成为什么样的人？"他却回答："什么意思，难道我以后就不能成为我自己了？"看似漫不经心和愚钝的回答却道破那盒"巧克力"的真谛——人生本是开放式的。阿甘的迟钝让他忽略了世俗对成功的设定，没有预设目标的束缚，反而可以率性而为做自己认为正确的一切事情。

正如詹姆斯·卡斯在《有限与无限的游戏》中写道："世上至少有两种游戏。一种可称为有限游戏，另一种为无限游戏。有限游戏以取胜为目的，而无限游戏以延续游戏为目的。"有限游戏的参与者在规则或边界内竞争，有确定的目标；无限游戏的规则或边界在游戏进程中不断改变，没有特定的结局，阿甘的一生正是无限游戏参与者的写照。财富管理也是人生的一场"无限游戏"，财富是思考的产物、是认知的变现、是无限游戏中不断被改变的边界，只要原则、体系和方法是成熟的，财富硕果则水到渠成。

"因上努力，果上随缘。"财富是一连串时间形成的未来，而未来是开放的，如同那盒巧克力，你永远不知道会尝到什么。阿甘并未设定自己能活出这么多种且每种都成功的人生，而是他的"傻"激发的"钝感力"帮助他在不同的领域取得成就。利己主义总是用自以为聪明的方式向外索取，我们需要学会从长远的投资眼光中获取营养和能量，以避免过度的短线投机思维。财富的积累何尝不应有这样一种钝感的力量：把自己交给信仰和体系，把结果留给时间和自然。

结语

"年光似鸟翩翩过，世事如棋局局新。"想落定棋局的人多，坦然接受变化的人少。阿甘的传奇人生，为我们的财富之路折射出一份独特的钝道智慧。以持竿不顾的定力和耐性，打造自己的能力并尽情发挥，最终没有哪个虔心耕耘的人会被落下。

修行真经与财富敬道

◎ 蔡孟奇　马晓培

兴·文化 第18期

《道德经》春秋 老子

善建者不拔，善抱者不脱，子孙以祭祀不辍。
修之身，其德乃真；
修之家，其德乃余；
修之乡，其德乃长；
修之邦，其德乃丰；
修之天下，其德乃普。

北宋 范宽《溪山行旅图》

贞观二年，将长安城的繁华合于双掌之间，鞠躬作别，玄奘就此踏上"内无妄思，外无妄动"的取经之路。17年的孤独，五万里的坎坷，玄奘一路西行，直探原典，一路的艰辛对他来说就是日常修行，"居处恭，执事敬，与人忠"。财富管理与投资交易亦是一生的修行，只有"修己以敬，身心收敛"，才能踏平坎坷终成大道。

贞观二年，将长安城的繁华合于双掌之间，鞠躬作别，玄奘就此踏上"内无妄思，外无妄动"的取经之路。17年的孤独，五万里的坎坷，玄奘一路西行，直探原典，一路的艰辛对他来说就是日常修行，"居处恭，执事敬，与人忠"。财富管理与投资交易亦是一生的修行，只有"修己以敬，身心收敛"，才能踏平坎坷终成大道。

敬终慎始

前往天竺取经，并不是一时冲动所致。自10岁出家，洛阳、川蜀、相州、赵州直至长安，玄奘在14年里游历各地，参访名师，讲经说法，对法相学的深刻见地闻名吴蜀荆楚。而正是通过十几年的潜心学习，坚定了玄奘去伪取真，开兹后学的法理敬心，因此发愿西行求法，不畏艰辛，为法忘躯。

敬，是始终。《左传》有言："慎始而敬终，终以不困。"14年的游学，是慎始，17年的西行，是敬终。正如孟子所言："仁者爱人，有礼者敬人。爱人者，人恒爱之；敬人者，人恒敬之。"敬其所尊，爱其所亲，始终如一，终得道。

投资贵在善始、慎始，开一个好头，形成一个好习惯，把握好方向，并坚持下去。股市长红虽有反复，但依然撩人心痒。是被情绪裹挟匆忙入场，还是沉心思辨优先习得投资纪律，哪一个才是慎始？是听闻小道消息追涨杀跌，还是坚持价值投资巍然不动，哪一个才是敬终？

格雷厄姆在《聪明的投资者》一书中强调注重企业内在价值的发现。坚持遵循价值投资的理念，共享企业增长的价值，才是投资的初衷。从长期来看，"涵养须用敬"，忠于事实，忠于研究，在市场低迷时更应该以积极心态看待未来，坚定下手；在市场亢奋时更应以敬畏之心，进退有序。世上从来没有所谓的"股神"，唯有坚持"不至天竺，终不东归一步"的初心，唯有依靠实事求是的投资研究和正确的价值投资方法，方能取得长跑的更高胜率。

敬事而信

"上无飞鸟,下无走兽,四顾茫茫,人马俱绝。"五万里的西行路上,玄奘有时忍饥挨饿,有时遭盗贼威胁,中途还被高昌王阻留,绝食三日、以死明志,才得以逃脱。甚至在出发之时,因未得唐太宗批准,玄奘是以一个"偷渡者"的身份出境,冒险寻求真理。14年的所学所得,足以让他在长安当个得道高僧,天天布道讲经,接受膜拜,但同样正是这14年的所学所得,让玄奘坚信存在南北法相学差异的共通真经,因此摒弃唾手可得的声望,坚定踏上艰苦的西行之路。

敬,是相信。《论语·学而》有言"敬事而信",意指待所从事的事务要坚信专一、兢兢业业,才可取信于人。直探原典,敬取真经,这是玄奘一切修行的初衷。尽管已经学识渊博,但知所学之病灶而放任不管,并非敬事,失信于业界同仁,更是失信于10岁出家时候的自己,因此唯有不畏艰险再次出发。

不断涌现的暴富故事让很多人忽略了财富管理的初衷,这是一个在波澜壮阔的市场中考验专业素养和哲学思维的挑战,无信不立,无信便谈不上对市场规律的敬畏,对投资纪律的敬畏,对追求财富初心的敬畏。

财富管理是一场人生修行,真经藏在最深的层次,怀揣一颗"敬心"才能有探索深层次规律的"发心"和"恒心"。同样对应财富管理也有三个层次:大类资产配置、投资策略和交易技术。过度相信短期交易技术容易落入"天也醉樱花,云脚乱蹒跚"的茫然无措;而相信大类配置和长期策略则成了智者的自信坦然,必然是使财富管理达到"看似落花返枝头,原来是蝴蝶"的真经。

居敬行简

自玄奘取经归来,帝诏弃缁不断,唐太宗、唐高宗屡次规劝其还俗做官，但他自觉修行未尽，一一回绝，只求抱朴潜心译经。白昼译经，晚上讲演，三更暂眠，五更复起，玄奘先后在长安慈恩寺和铜川玉华宫等地译经19年，共译出经论75部，总计1335卷。译文之精美、内容之完备信达，实超前代译师，后更无与伦比。

敬，是行简。《论语·雍也》有言："居敬而行简。"以严肃的姿态专注其中，用简要的行事创造辉煌，这便是玄奘19年译经修行的概括。最复杂的事情往往蕴含着最简单的道理，而往往最简单的方式也能解决最复杂的问题。

财富管理的理念其实并没有想象的那么复杂，核心在于你是否能严肃对待自己的投资纪律，一以贯之，坚持执行？做不到心无旁骛，注重投资风格的一贯性和长期收益的稳定性，而是迷信投机，盲目调仓，财富自然三过门而不入；做不到"狡兔三窟"，通过分散化的资产配置有效地降低单一资产的集中风险，而是莽撞地求一朝胜负，财富自然如流沙过手；做不到处变不惊，采用科学定投的理性思维应对市场的不确定性，而是人云亦云，无章可谋，财富自然可能失之交臂。

结语

"善建者不拔，善抱者不脱。"14年的游学，17年的西行，19年的译经，仪鸾殿的佳肴和唐太宗的礼赞并不意味着取经之路的结束，而是修己以敬的重新出发。他一路西行所求的真经，并不只是那657部经文，更是他五万里的敬心修行成果，看似远在十万八千里，但往往就在手中未能察觉；看似已经手中在握，但其实还有更多的真理等待探究。市场规律与投资纪律知易行难，唯有以敬达到庄重始终，以敬贯彻深信执事，以敬坚持简行正道，才能触得财富敬道的一页真经，开启未来无尽的美好正循环。

不朽军魂与守正出奇

兴·文化 第19期

◎ 陈蔚薇

北宋 李公麟《临韦偃牧放图》

《从军行七首（其七）》
唐 王昌龄

玉门山嶂几千重，
山北山南总是烽。
人依远戍须看火，
马踏深山不见踪。

　　为有牺牲多壮志，敢教日月换新天。一声枪响，南昌起义铭刻丰碑，开创了中国共产党缔造人民军队的新时期，掀开了中国革命史上崭新的一页。中国人民解放军军魂由此发端，于三湾初铸，于古田成形，于延安定型。这生生不息的如炬之魂从历史深处走来，在新时代人民军队中愈加熠熠生辉，也赐予了财富人生恪守正道、出奇制胜的智慧。

为有牺牲多壮志，敢教日月换新天。一声枪响，南昌起义铭刻丰碑，开创了中国共产党缔造人民军队的新时期，掀开了中国革命史上崭新的一页。中国人民解放军军魂由此发端，于三湾初铸，于古田成形，于延安定型。这生生不息的如炬之魂从历史深处走来，在新时代人民军队中愈加熠熠生辉，也赐予了财富人生恪守正道、出奇制胜的智慧。

军魂之本

中国人民解放军的根本原则是"党指挥枪"，坚持党对军队的绝对领导，这是我军永不磨灭的军魂之本。党的绝对领导孕育了军队空前的战略思想以及灵活机动的战略战术，最终铸造了一支正义之师、威武之师、文明之师，在共产党的指挥下，这支军队创造了一个又一个令人叹为观止的战争奇迹。

长征途中，四渡赤水，绝境重生，我军取得战略转移的重大胜利，因此有了"更喜岷山千里雪，三军过后尽开颜"的千古传唱；抗日战争，凭着"从来燕赵多豪杰，驱逐倭儿共一樽"的同仇敌忾，军民携手持久抗战，一举击溃日本侵略者，留下浓墨重彩的华章；解放战争，毛泽东高屋建瓴，抓住"一切反动派都是纸老虎"的本质，解放全中国，并欣喜地写下"宜将剩勇追穷寇，不可沽名学霸王。天若有情天亦老，人间正道是沧桑"的豪迈诗篇。数不清的经典战役镌刻峥嵘岁月与不朽军魂，而这归功于党对军队的绝对领导。

孔子言："富与贵，是人之所欲也。不以其道得之，不处也。"以准确的财富观及正确的方式获取财富，方能收获更持久的财富。"商圣"范蠡之所以为后世所推崇，不完全在于其富甲一方，而更在于其所秉承的"日积月累，细水长流"的财富理念。

观当下，资本市场正吸引投资者纷至沓来。然而，"最是人间留不住，朱颜辞镜花辞树"，对股市盈利的曲折性要有充足的准备。巴菲特提倡"投资成功首先需要一个稳妥的思考框架作为决策基础"，投资逻辑挈领投资行为，倘若熟谙估值修复的均值回归，或共享企业成长红利的投资理念，盈利之源了然于心，穿越牛市、熊市也终将水到渠成。

军魂之体

近代中国革命环境险象环生，星星的革命火种在青面獠牙的白色恐怖包围中摇摇欲坠，然而艰难困苦，玉汝于成。这反而催生了革命军队为国为民的坚定信念与理想担当，这是我军蓄力前行的军魂之体。正如《诗经·秦风·无衣》所言："岂曰无衣？与子同袍。王于兴师，修我戈矛。与子同仇！"秦军在"无衣"的艰苦卓绝条件下，坚守"与子同仇"的信念，终成威武之师。

古往今来，坚定的理想与信念铸就钢铁意志。于是有了杨炯笔下"宁为百夫长，胜作一书生"的豪情，投笔从戎，开疆拓土，保国卫家；有了王昌龄笔下"黄沙百战穿金甲，不破楼兰终不还"的意气风发，铠甲磨穿，壮志不灭；有了李益笔下"回乐峰前沙似雪，受降城下月如霜。不知何处吹芦管，一夜征人尽望乡"的戍边军人，虽思乡情切，却仍执着坚守。无数英雄舍生忘死，热血军魂，终成绝唱。

"善治财者，养其所自来，而收其所有余，故用之不竭，而上下交足也。"财富管理是一生的事业，某种程度上意味着当下享乐与未来收益的取舍，然风物长宜放眼量，坚信科学规划的财富人生必定更加富庶。

"天下熙熙皆为利来，天下攘攘皆为利往"，资金的趋利避害助涨资本市场的波动，乘着信息时代的东风，更加撩拨人心。一时间，涨跌、盈亏成了检验投资理念"是非成败"的直观标准。然市场始终遵循钟摆式摆动，当市场往反方向摆动时是坚守原有逻辑还是放弃？犹如革命关头面临威逼利诱的人士，是捍卫信仰抑或缴械投降？这无不考验着每个投资者的意志力。以史为鉴，寄希望于"失之东隅，收之桑榆"，结果却往往两者尽失。

军魂之翼

江山多娇，军旗飘扬，巍巍长城，万里边疆。历经90多载，人民军队从无到有，由弱到强，浴血奋战，屡立奇功。战争年代，钢枪大炮，保家卫国；和平年代，幸福守护，长治久安。成就功勋卓著、威名远扬之赫赫劲旅的正是人民军队厚积薄发的内在力量。新时代，新使命，面对风云诡谲的国内外局势，积蓄力量，严阵以待，成为我军赓续久远的军魂之翼。

"潮平两岸阔，风正一帆悬。"近年来，军队现代化建设紧锣密鼓，踏步向前。阅兵场士兵演习撕喊犹在耳畔，国庆阅兵自主研发尖端武器装备绚烂纷呈，这无不彰显着惊世之精锐力量，武装东方智慧。现代化军队淬炼成钢，蓄势待发，成为国家和人民最坚强的后盾。

站在历史的潮流下，每个人都是被裹挟其中的"沧海一粟"。"时来天地皆同力，运去英雄不自由"，某种意义上讲，个人财富的积累皆是时代的馈赠。工业革命成就了卡内基"钢铁大王"及洛克菲勒"石油大亨"的美誉；扎克伯格、马化腾的财富之梦源起于21世纪互联网的兴盛。如今，财富传奇仍旧在不断上演。《孙子兵法》言："凡战者，以正合，以奇胜。"财富人生本在守正、胜在出奇，能否把握住时代机遇关键在于自身积淀的力量。

"俱往矣，数风流人物，还看今朝。"当前资本市场正经历前所未有之大变局，政策"芳林新叶催陈叶"般不断革故鼎新，机构力量亦如源源不断的活水交织舞动。市场生态已悄然变化，机遇与风险并存。新时代下,保持鹰隼般眼光,遵养待时,蛰伏、起势、出击,财富腾飞自然顺理成章。

结语

"为天地立心,为生民立命,为往圣继绝学,为万世开太平。"金戈铁马,栉风沐雨。在几十载波澜壮阔的英雄岁月里,先辈们信仰如磐,锻造了不朽军魂,带领民族浴火重生,在新时代下越发光芒万丈。而这也正是财富人生"力拔山兮气盖世"的无限力量,坚定理想信念的守正,方得鸣则惊人的出奇。

兴·文化

第 20 期

> 半亩方塘一鉴开，
> 天光云影共徘徊。
> 问渠那得清如许？
> 为有源头活水来。
>
> ——宋 朱熹《观书有感二首（其一）》

财富积聚活水来 绿色金融谱华章

◎ 姜名扬

"但留方寸土，留于子孙耕。"中国经济的追求从高速增长切换到高质量发展，绿色经济已成为经济发展方式转变、经济结构调整优化、经济增长动能转换的重要动力。作为经济增长的血脉，绿色金融、绿色投资正在成为驱动资产有效配置的新引擎。秉承社会责任、追求可持续发展、支持绿色产业繁荣，金融机构和投资者勠力同心，和衷共济，以"金融墨"绘就"山水画"，打造美好生态图景。

"但留方寸土，留于子孙耕。"中国经济的追求从高速增长切换到高质量发展，绿色经济已成为经济发展方式转变、经济结构调整优化、经济增长动能转换的重要动力。作为经济增长的血脉，绿色金融、绿色投资正在成为驱动资产有效配置的新引擎。秉承社会责任、追求可持续发展、支持绿色产业繁荣，金融机构和投资者勠力同心，和衷共济，以"金融墨"绘就"山水画"，打造美好生态图景。

兴社会责任："已识乾坤大，犹怜草木青"

生态兴则文明兴，生态衰则文明衰。中华民族绵延五千多年的中华文化孕育着丰富的生态文化，保护生态环境，关系人民福祉，关乎民族未来，是功在当代、利在千秋的事业。

士以天下为己任。当前中国已经发展到了有条件、有能力解决生态环境突出问题的窗口期，亟待更多胸怀广阔、环境友好的优质企业参与其中，综合考虑经济、社会、环境等因素，在追求经济利益的同时，积极承担社会责任。"人不负青山，青山定不负人"，生命的循环自有因果，生态文明的维护从长远来看也是为经济建设加码。驰而不息，久久为功，随着更多力量积极踊跃地参与和坚持不懈地努力，定能形成人与自然和谐发展的现代化新格局。

"大哉乾坤内，吾道长悠悠。"绿色金融发展涉及多方面的工作和主体，证券公司作为企业与投资者之间的桥梁，有着不可或缺的推动作用。兴业证券是国内绿色金融的先行者，始终以责任文化举集团之力布局绿色服务。子公司兴证全球基金于2011年率先从海外引入绿色投资理念，并成立国内首只绿色主题基金。母公司于2019年设立绿色证券金融部，建立"绿色融资、绿色投资、环境权益和绿色研究"等多维度绿色产业支持体系。兴证财富也秉承"兴于远见、智享未来"的理念，顺应客户的财富诉求，引入并推荐包括兴全绿色投资混合型基金在内的多只

ESG策略产品，与客户一同以切身实践见证"绿水青山就是金山银山"的理念。

"阳春布德泽，万物生光辉。"叠加ESG策略的投资行为本质是向市场中环境友好的、有社会责任的、有良好公司治理的公司提供融资服务。西方国家的学者把绿色投资称作"社会责任投资"（Socially Responsible Investment，SRI），认为它是一种基于环境准则、社会准则、金钱回报准则的投资模式，投资过程中考虑了经济、社会、环境三重底线，又叫做"三重盈余"投资。"问渠哪得清如许，为有源头活水来。"投资者通过参与ESG投资，间接参与了服务实体经济和绿色企业，也是在资产配置行为中践行了社会责任。

可持续发展："守得青山在，迎得金山来"

生态环境没有替代品，用之不觉，失之难存。当前中国生态文明的建设正处于压力叠加、负重前行的关键时期，习近平总书记指出"绿水青山就是金山银山"，强调保护生态环境就是保护自然价值和增值自然资本，就是保护经济社会发展潜力和后劲。我们只有摒弃短期逐利的思想，保持生态建设的战略定力，才能探索出生态与经济互生互荣的可持续之道。

保护生态，道阻且长，行则之至。既要有只争朝夕的精神，更要有持之以恒的坚守。一如财富管理之路，资本市场云谲波诡，瞬息万变，但艰难困苦，玉汝于成。我们要目光长远、心存正念，并深入研究、持续积累，锻炼敏锐的战略眼光和深刻的市场洞察力，不断精进投资理念和方法，才能给客户提供合理的资产配置，实现风险与收益均衡的财富目标。

古之立大事者，不惟有超世之才，亦必有坚韧不拔之志。生态环境的可持续，需要报有长期发展的弘大目标，克制对自然资源的过度消耗，以短期之利换得长久繁荣。财富管理的可持续，也需要保持价值投资的恒久信念，抵御市场波动的诱惑干扰，最终换来守得云开见月明的价值回归和价值兑现，收获长久稳定的财富增长。

明是非真伪："磨君古青铜，汰简寄明辨"

青山不老，绿水长存。绿色产业立足于新材料、新能源、新技术，大多兼具科技和消费的双重属性，行业前景广阔，天然具有长坡厚雪、宽河坚垒的属性。正如格雷厄姆在《聪明的投资者》中强调企业内在价值的发现，坚持遵循价值投资。这些高瞻远瞩、具有家国情怀的绿色企业，在造福社会的同时获得自身发展，也逐步成为优质的价值投资标的，为投资者和社会带来持续发展的价值。

"是非久自见，不可掩也。"随着ESG概念的引进，绿色投资成为投资者关注的议题之一。鲜花的背后往往隐藏陷阱，在各类"浅绿""深绿"的公司中也出现了一类"漂绿"（green washing）的公司，他们宣称保护环境，实际上只做营销推广的表面文章，以期通过天花乱坠的故事获得更高的估值和更多的投资。返璞归真，善水溯源。最大的诚信，必须发自于企业自身。言行相诡、表里不一的"漂绿"公司，终有一天会原形毕露。

"千淘万漉虽辛苦，吹尽狂沙始到金。"在投资的过程中，我们更需要修炼"火眼金睛"，透析事物的本质，去伪存真、不断纠偏。"路漫漫其修远兮，吾将上下而求索。"明察秋毫、洞若观火非一日之功，需要沉下心绪，守住寂寞，方得格局智慧与久远视野。无论是投资者，还是财富管理人，都要在浮躁喧嚣的市场和跌宕起伏的行情中，保持坚韧定力和空杯心态，锻炼敏锐眼光，求知若饥，虚心若愚，最终在千锤百炼中淬炼出财富管理真经。

结语

绿色映底蕴,山水见初心。在生态优先、绿色发展的新时代下,财富管理秉持绿色金融可持续发展的理念,以纯真质朴的赤子心和恪尽职守的责任心守护客户,高瞻远瞩、玄圃积玉、寓义于利,助力客户在财富积聚的康庄大道上策马扬鞭、行长走远。

兴·文化

第 21 期

清 王翚《黄公望像》

《关河道中》
唐韦庄

> 但见时光流似箭,
> 岂知天道曲如弓。
> 平生志业匡尧舜,
> 又拟沧浪学钓翁。

富春山居图与股市长牛的经纬

◎ 边维刚

"智理周万物,远怀柔九州。"中国山水画作第一神品《富春山居图》,虽历经近七百年流光岁月,却始终透出"山川浑厚,草木华滋、气势深远"的艺术精髓。黄公望画的不仅是"千仞之高远、百里之炯炯"山水神韵,更是千年漫长的历史和文化,其画中乾坤对于认清和织就资本市场长牛的智理与远怀之经纬颇有启迪。

"智理周万物，远怀柔九州。"中国山水画作第一神品《富春山居图》，虽历经近七百年流光岁月，却始终透出"山川浑厚，草木华滋、气势深远"的艺术精髓。黄公望画的不仅是"千仞之高远、百里之炯炯"山水神韵，更是千年漫长的历史和文化，其画中乾坤对于认清和织就资本市场长牛的智理与远怀之经纬颇有启迪。

远山、云山、晓山

智理周万物

"庶使知其成就之难"，创作是一件不容易的事，从《富春山居图》娓娓道来的跋尾，可了解黄公望的"兴之所至"创作自述，以及"三四载未得完备"的艰辛痴迷故事，更知世上无易事的道理。

"但见时光流似箭，岂知天道曲如弓。"黄公望长年浪迹山川，细察潜摹，终得烟云变化、江山钓滩的独到感悟，以及炉火纯青的笔墨技法，"千丘万壑，越出越奇；重峦迭嶂，越深越妙"的仙风道骨自成神来之笔。

随着画卷的展开，"远山长，云山乱，晓山青"的磅礴意境跃然纸上、层层递进：远山隐约，连绵起伏；云山缭绕，江水渺茫；晓山远岫，青翠灵秀。凡数百峰，皆以干枯的笔勾皴顿挫，疏朗潇洒，随意而似天成，洒脱而极富神韵，这不正是大自然的天斧神工？"惟江上之清风，与山间之明月，耳得之而为声，目遇之而成色，取之无禁，用之无竭……"

中国资本市场根深蒂固的旧范式正被悄然撼动，牛短熊长的痼疾正在改变、赢得长牛的新气象大概率已经形成，远山之方向、云山之进化与晓山之希望在资本市场的运行中焕发新的勃勃生机。

科技驱动的现代化方向是资本市场长牛的远山。持续的科技进步，推动经济产生永动的累进增长，使资本市场始终具有对长期价值投资的吸引力。从国际范围内看，只要现代化进程不竭，科技进步催生的资本市场创富神话自然如那连绵起伏的远山层出不穷、经久不衰。

价值规律调节的市场机制活力是资本市场长牛的云山。只要资本市场保持公平、透明和相对稳定的交易制度和机制，优胜劣汰的市场进化如变幻莫测的山间白云，反而让建立在专业分析和预测基础上的投资人获得合理回报，变得更具可测性和可行性。

巨大的财富效应引擎是资本市场长牛的晓山。满足广大投资者的财富管理需求，特别是中小投资者直接或者间接参与资本市场的财富获得感，犹如每天晨曦时的山间青翠迸发的希望。巨大的财富效应，对于形成稳定的预期、增强资本市场的吸引力、带动全社会财富观的变化以及从资本与资源配置上汇聚与创新全社会力量、驱动新型经济发展模式以一种催枯拉朽的颠覆方式完成正越来越成为可能。

高远、阔远、深远

远怀柔九州

《富春山居图》画的是黄公望一生的回忆，黄先生曾经说过，画画最难得的东西叫糊涂其笔。画中极其大胆的大片留白，所体现的正是"有无相生，虚实互动"的苍茫简远之自然境界。

黄公望画的更是一汪在千年历史里的漫长江水，春夏秋冬四季交替的墨色精彩被任性地融于一画。流过坡陀浅滩、平川急流、壑谷高峰，所有这些风景，从画的开启拉近的春夏的浓墨，到推远的淡墨出现秋冬的景色，颇有一番时光交错、繁华落尽的轮回感觉。

我们走入画中，自山下仰山巅，看的是高大雄伟、气势磅礴的"高远"；自山前窥山后，看的是万水千山，鸟瞰丘壑的"深远"；自近山望远山，看的是大地辽阔、平淡冲和的"阔远"。《富春山居图》山和水布置疏密得当，层次分明，笔墨纷披，是审美主体与审美客体的"三远融合""见其大象"的最高艺术意境。

资本市场之高远与否，在于资本市场能不能涌现一批了不起的标杆性的伟大企业。2019年，我国"全要素生产率（TFP）"是美国的43%，具有巨大的提升空间。注册制有利于企业得到强大输血功能和创新动能，改变过去实体经济债务高企的负担，培育具备国际竞争能力的企业龙头，使其成为中国资本市场长牛的微观经济基础的"领头羊"。

资本市场之阔远与否，在于资本市场能否容纳足够广阔的优良企业群体并给投资人提供合理的投资回报。美国过去几十年的市场风险溢价基本上是6%，说明大类资本配置上资金从国债转移到股票的额外回报具有吸引力，而我国2002年至2018年的平均水平只有1.17%，说明中国资本市场风险定价的锚确须重塑。注册制有利于改变股市扭曲的定价纬度，从供给侧降低优良企业群体挂牌上市的成本，并形成更为广阔的满足价值型与成长型投资策略的财富蓄水池。

资本市场之深远与否，在于资本市场能否具备价值挖掘的功能从而实现资源更有效的配置。1980—2018年，美国所有市场上市企业数量2.6万家，同时这段时间退市的企业1.4万家，大量企业通过并购重组、主动选择退市等私有化方式达到存量调整。这种上市和退市制度的有效结合，有利于资本市场更具接受投资者收益风险偏好的检验和优胜劣汰机制洗涤的包容性和柔韧性，从根上消除资本市场的寻租空间，使得资本市场回归其资源优化配置的功能更有纵向深度。

渔者、行者、观者

遇众生，见自己

艺术是活着的文化。中国文化历来有"于天地间立人"的渔樵传统，或渔或樵隐居江湖往往不可貌相。就像突然在屈原面前哼唱的那个渔樵："沧浪之水清，可以濯我缨；沧浪之水浊，可以濯我足。"渔樵和屈原，也许两人早已心意相通，只是各有使命而已。画中的渔樵想必也有不简单的故事吧。

山间丛林茂密，依稀的村舍茅亭，怎么离得开鲜活的主人。画中共现八个人物，或对望、或独行、或垂钓，有心人自能会心交融。在画卷开始，有一个走向未来的行者，从桥左的过去走向桥右的未来；而在画的结尾处，出现了一个在桥右往左踏的人。如此画卷首尾呼应，形成一个循环，周而复始，正是东方美学的哲思。

画中水上共有四个在船上的渔者：两个安静地江中垂钓，两个有趣地并行于江上。岸上还有一个头戴高帽的观者，气质不凡，看起来是个读书人。所有人物共同构成一个空间形态，画风极简，淡墨天成，不知道画中人的角色能否互相转换，但我想这或许就是老画家试图传达的"观天地，遇众生，见自己"之意境吧。

资本市场上明智的观者，不仅能看清投资和交易的基本规律，更能看清众生和看懂自己。这就是观天地万物以"复本还源"的方法，如此方能拨云见日，找到真正属于自己的投资行为而创造价值的那一朗晴空。从人性的角度看，资本市场呈现去散户化的趋势，是减少大众心理对市场波动影响的必然历程。

资本市场上成熟的行者，大多都经历跌倒的考验并对竞技场湿滑的地面保持有警畏之心。资本市场有独特的生态链，某种程度上奉行着人性博弈的丛林法则，也几乎是把人性弱点无限放大的"斗兽场"：如果贪婪，会被放大到极限；如果恐惧，也会被无限放大。因此那些反映涨跌的阴阳曲线总是如此蜿蜒跌宕。从战胜人性的弱点和自我完善的角度看，我们永远都是此路漫漫的行者。

资本市场上成功的渔者，无不是自律、专注以及淡定的高人，在垂钓中不断地磨炼自己的心智：不被影响的自信、持久恒定的耐力、当机立断的勇气，日积月累，无须刻意，无须强求，稳定盈利自能水到渠成。在资产科学配置下的交易行为，买点卖点依据第一重时的规则进行，没有了急功近利，一切如呼吸一般自然。

结语

"广大出胸襟，悠久见生成。"每个人心中都有一幅苍劲阔远的《富春山居图》，每个人内心自有一个万千丘壑的宇宙。经历三十年磨砺，当前中国资本市场受供需双侧因素驱动，渐入山水合璧的新时代以及磅礴成势的新佳境！投资者须尽快走出过去牛短熊长的阴影和对权益资产配置的畏惧阶段，从峰峦叠嶂和百转千回的山川气象和昂扬力量中，认清未来机构投资者主导和新型经济驱动股市长牛的智理与远怀经纬，拥抱财富大时代蕴含的价值新趋向、投资新条理和运行新秩序，品味财富人生"无一物中无尽藏"的博大智慧。

兴·文化

第 22 期

《礼记·中庸》 战国 子思

凡事豫则立，不豫则废。言前定则不跲，事前定则不困，行前定则不疚，道前定则不穷。

孙子兵法与财富之"谋、动、势"

◎ 傅剑浩

国无防不立，民无防不安。即使在远离硝烟的当今社会，安全利益依旧是国家民族的重中之重。正如《孙子兵法》所云："兵者，国之大事。"关乎命运，大至国家，小至家庭个人，每一场"战役"都要谋为先，然后动，凭势变，运筹帷幄之中，决胜千里之外。

国无防不立,民无防不安。即使在远离硝烟的当今社会,安全利益依旧是国家民族的重中之重。正如《孙子兵法》所云:"兵者,国之大事。"关乎命运,大至国家,小至家庭个人,每一场"战役"都要谋为先,然后动,凭势变,运筹帷幄之中,决胜千里之外。

"谋"为先

"夫未战而庙算胜者,得算多也;未战而庙算不胜者,得算少也。"遇事要斟酌,遇到大事、要事更须三思:一是正思,思"利",包括有利的条件是什么,会带来哪些好处,积极的影响等;二是反思,思"弊",包括不利的条件是什么,会遇到哪些阻碍,哪些不良影响等;三是合思,将正反两方面融合。三思而后行,进行周密的计算,作出趋利避害的部署,作战才有可能获胜。

财富管理亦是如此,投资之前需冷静思考,仔细计算分析自身经济实力、风险承受能力与适合的投资周期。投资者需先对投资标的的经营业绩与盈利情况、股票的行情涨跌与发展趋势、利率的高低和国家政策的走向作一番细致的"庙算"。倘若盈利的条件充分,则果断选择投资;倘若时机还不成熟,盈利的把握不大或无盈利的可能,则按兵不动。在财富规划时,也必须"未战而庙算",把各方面的情况都计算清楚,再作出妥善的决策,方能保证成功,取得良好的投资收益。

孙子以谋为上,"谋"之精要在于考虑一切布局中可能会出现的问题,作出清晰且可行的规划。"料敌制胜,计险厄远近,上将之道也。"在战争中要判明敌情,从而制订取胜的计划。在财富管理过程中也应把投资对象的变化动态和前面道路上的"险厄远近",都了解得清清楚楚。

然后"动"

"其用战也,贵胜,久则钝兵挫锐,攻城则力屈,久暴师则国用不足。"即为谋定而后动，军队作战就要求速胜，如果拖得很久则军队必然疲惫，挫失锐气。为速胜需求速战，速战需全军上下强大的执行力。百句空言，不如一个行动；再精准的策略，不如一次执行。没有执行力，一切都是空谈。万般道理，落实才是硬道理。落实之要，重在执行。

在财富管理的世界里，每个人对自己的未来都有美好的设想和规划，但光想是不够的，只有去执行才有机会让这些想法变为现实。如《海龟交易法则》费思所言，在交易世界中，唯有坚定不移地执行，才能真正获得系统的正期望值。

成功的投资者，往往是能够"傻傻"坚守执行的有心人，拥有八风不动的强大修为，时刻谨记自己的长远目标，才有可能得到复利的玫瑰，而不会为了或然暴利而动辄青冥垂翅，羽毛尽失。长期来看，投资者遭受损失的一种典型情况是：在市场大幅下跌的时候，恐慌地清仓出局，结果他们正好错过股票出乎意料大涨的好日子。其中的教训不言而喻："试图短期通过择时来躲开短期调整的同时，也容易错过与牛市共舞的机会。"

凭"势"变

"水因地而制流，兵因敌而制胜。兵无常势，水无常形。能因敌变化而取胜者，谓之神。""势"是一种客观存在，标示着事物发展的形势、性质和趋势。深处变动不居的时代环境，面对复杂多变的国内外形势，无论是谋划改革还是推动发展，都离不开对"势"的认知和把握。敏锐把握变化，积极主动作为，或积厚乘势，或蓄势待发，或谋势而动，方能下好先手棋，打好主动仗。

"善战者，求之于势。"财富管理概莫如此。投资市场风云变幻，政治经济形势的任何变化都会影响金融市场的趋势，所以需要对"势"作出应变的计划和措施，因势利导，在经济周期的不同阶段配置不同类别的资产，利用其中有利的因素获取投资利润，避免不利因素的影响，践墨随敌，方能在长期使投资保值升值。但顺"势"不是人云亦云，仍需要沉着冷静应对，形成独立的分析和判断。正如巴菲特所言："别人疯狂的时候我恐惧，别人恐惧的时候我贪婪。"

结语

"凡事豫则立，不豫则废。言前定则不跲，事前定则不困，行前定则不疚，道前定则不穷。"《孙子兵法》的核心价值观，是在明辨敌我的基础上，进行充足的战前准备、动员所有可用的资源、利用一切有用的形式，"备战、重战、慎战"，此乃战争大道。而对于财富管理来说，在瞬息万变的投资市场中，核心也是在价值投资理念的框架下通过市场形势、投资组合的科学计算，稳定获取长期收益。若能将《孙子兵法》的谋略方法运用自如，必能在财富之路上"百尺竿头站脚，千层浪里翻身"，实现财富人生的无限可能。

兴·文化 第23期

揭开未知世界 跨越财富阈限

◎ 寿亦宁

"立身百行，以学为基"，又到九月开学季，未知世界在召唤！学习本质上是命运的开端、触发器和催化剂。《论语》云："学而时习之，不亦说乎？有朋自远方来，不亦乐乎？人不知而不愠，不亦君子乎？"这是孔子对于学习的思考，也对应着为学的三重境界。个中智慧，细品必有收获。

"立身百行，以学为基"，又到九月开学季，未知世界在召唤！学习本质上是命运的开端、触发器和催化剂。《论语》云："学而时习之，不亦说乎？有朋自远方来，不亦乐乎？人不知而不愠，不亦君子乎？"这是孔子对于学习的思考，也对应着为学的三重境界。个中智慧，细品必有收获。

命运的开端

学而时习之，不亦说乎？

"学而时习之，不亦说乎？"是学习的第一重境界，对应的是自己。人不学无以成才，"学"是认识的过程，"习"是吸收的过程。从学习中逐渐认识世界，寻找自我的意义，获得宇宙运行的规律。这种成就感充盈的是自己的内心与力量，这样的学习正是命运的喜悦开端。

学习本身是一个从无到有的过程。我们所赚的每一分钱都是自己对这个世界认知的变现，同样所亏的每一分钱也是自己对这个世界认知的缺失。这个世界最大的公平就在于，当一个人的财富大于自己认知的时候，这个世界有一百种方法收割你，直到你的认知和财富相匹配为止。哈佛大学前校长德里克博克曾说过："如果你认为学习的成本太高，不妨试试无知的代价。"发生于2020年4月的原油宝事件，就是学习之于投资领域最好的注解。

同时，学习也是一个不断发现未知的过程。知道的越多，越能认识到自己的无知，古希腊哲学家"悖论之父"芝诺和他的学生曾经有过这样一段对话——学生问他："老师您知识渊博，可为什么总是质疑自己的结论呢？"芝诺画了大小两个圆圈说道："大圆是我，小圆是你。如果圆的面积是我们掌握的知识，圆外是未知，圆周就是我们能够接触到的未知，可见知识越多，接触的未知就越多。"这可能也是为什么越是优秀的投资者，反而越是谦卑的原因。

管理自己的财富也是如此，资本市场变幻不息，风险与收益并存，价格波动的背后反映的是人们信息与认知上的差异。要想在资本市场里更好地生存，积累更多的财富，唯有不断学习，提升自己对于市场的理解与认识。我们只有学习投资的本源与常识，才可能知道什么是合理的，什么是不合理的，什么是适合自己的，什么是不适合自己的。

命运的触发器

有朋自远方来，不亦乐乎？

"有朋自远方来，不亦乐乎？"是学习的第二重境界，即他人的学习。学习是相互的，我们在学习时，总会碰上一些志同道合的伙伴，大家一起学习各自身上的优点，弥补各自身上的不足。有缘与这样的朋友为伴，看到他身上的长处，与之共同进步，又何尝不是灵感的触发器。

所谓三人行必有我师，投资领域又何尝不是如此。投资终究是一门实践的艺术，中国的资本市场又有着自己独有的特色。投资者从理论向实践的跃迁过程中，能否找到值得信赖的伙伴与金融服务机构，无疑也十分重要。好的金融服务机构可以帮助投资者养成更健康的投资习惯，而投资者获益后的长期信赖又可以给机构恪守原则、坚持做正确的事以更大的信心，两者相互促进。《礼记·学记》曰："学然后知不足，教然后知困。知不足，然后能自反也；知困，然后能自强也。故曰教学相长也。"

不过，学习也需讲究因地制宜。凡有所学，皆成性格。英国作家弗兰西斯·培根在其所著的《培根随笔》中写道："读史使人明智，读诗使人灵秀，数学使人周密，科学使人深刻，伦理学使人庄重，逻辑修辞使人善辩。"资本市场中有很多人用不同的方法赚到了钱，有巴菲特的价值投资，有利弗莫尔的技术分析，还有许多大大小小的流派在他们各自的领域"鹰击长空，鱼翔浅底，万类霜天竞自由"。其实，并没有绝对的对与错，也没有什么知识是无用的，关键要找到最适合自己的。

命运的催化剂

人不知而不愠，不亦君子乎？

"人不知而不愠，不亦君子乎？"是为学的第三重境界，也是最后一重。这句话的意思指的是，即使身怀才学却被埋没，也不去计较怨恨，这不正是君子学而恪守的道德修养之催化剂吗？学习像是一个循环，他人之后又回到了自身。

学习并不是为了别人，更不是为了什么名声和他人的赞扬。人生并非总是一帆风顺，保持内心平和，这种温和的处世态度，既是为学所必须具备的修养，也是自身才学的一部分。

所以，学习也是一个修炼自身心性的过程。所谓"天将降大任于是人也，必先苦其心志，劳其筋骨，饿其体肤，空乏其身，行拂乱其所为，所以动心忍性，曾益其所不能"，投资也是如此，这是一项长期的工作。过程中难免经历徘徊与迷茫，在希望的黎明到来之前，能够耐得住寂寞很重要。在做每一笔投资决策前，是否考虑过自己能够等待多久。查理·芒格曾说过，正是等待帮助你成为一名投资者，很多人只是无法耐心等待下去。如果你没有享受延迟带来的满足感的基因，那你得努力克服它。

除此之外，避免自己被情绪所左右也十分重要。不以物喜，不以己悲。从进化学上来讲，人类总是倾向于让自己在短期内感到快乐和轻松，所以我们总是根据情绪来做一些决策，比如恐慌时抛售以让自己暂时心安，或牛市中进场享受买入就赚钱的快感。这样的做法确实能让我们短期比较舒服，但长期却很有可能会带来损失。趋利避害是人的本性，顺人性的决定往往是容易做的，但最后真正能跨越财富长期增长收益之阈限的，或许反而是那些逆人性的决定。

结语

"纸上得来终觉浅，绝知此事要躬行。"学海无涯，心不易正，身不易修。没有哪一步是人生的金砖，只有踏踏实实地学习、修行，回首望去，步步都是金砖。从自己，到他人，再到自身，正是学习的三层境界。我们曾憧憬这世界的万千精彩，到最后回首才发现，人生最美丽的风景，是自身的圆融。财富管理的道路亦是如此，"博学，审问，慎思，明辨，笃行"，这是我们揭开未知世界的课堂，虽吾生有涯，但只要步履不停，必能不断跨越财富的阈限。

兴·文化 第24期

财富弈理——棋经十三篇与

◎ 梁甜 胡正

"北风吹人不可出，清坐且可与君棋。"王安石将围棋与诗相提并论，可见围棋在中国古代文人心中的独特地位，围棋经过千年的洗礼，早已融入了以"儒学"为根的民族精髓，成为中华文化不可分割的一部分。手起子落间，窥见世间尘沙，王侯将相、文人墨客、平民布衣，都曾在方寸之间留踪掠影。北宋《棋经十三篇》真正将围棋理论建成体系，品味其中举棋、应对与自处的乐趣，有利于洞明财富管理在波澜壮阔发展脉络中行稳致远的些许弈理。

"北风吹人不可出，清坐且可与君棋。"王安石将围棋与诗相提并论，可见围棋在中国古代文人心中的独特地位，围棋经过千年的洗礼，早已融入了以"儒学"为根的民族精髓，成为中华文化不可分割的一部分。手起子落间，窥见世间尘沙，王侯将相、文人墨客、平民布衣，都曾在方寸之间留踪掠影。北宋《棋经十三篇》真正将围棋理论建成体系，品味其中举棋、应对与自处的乐趣，有利于洞明财富管理在波澜壮阔发展脉络中行稳致远的些许弈理。

得道之胜　方寸之间

围棋简单而复杂。"枯棋三百六十，白黑相半，以法阴阳"，非黑即白，各执一色，简单纯粹，如中华文化的至阴至阳，也似至刚至柔；围棋奥义深远，古先有博而再有弈，博因相对简单，易于流行，但也恰恰成为它的致命弱点。方形棋盘是静态的，圆形棋子是动态的，"自古及今，弈者无同局"，弈富于变化，难以透彻领会，但这也正是它阴阳相半、动静之中、方寸之间可参悟乾坤的长处和魅力所在。

财富管理亦然，买多卖空、或盈或亏，既泾渭分明，又耦合交错。但由于每个市场参与者对收益的预期不同，对波动承受度、风险认知度和流动性的要求不同，让财富管理既无定式也有定式，需要结合投资者的资金用途、风险偏好、投资预期、投资期限，选择合适的资配规划并动态优化。合理的财富管理计划犹如布局，棋局因人而异，必须在投子之前经过深思熟虑，在尚无明显征兆的情况下谋划资产配置与投资组合的取胜之道，在尚未成为定局的时候尽可能消除输棋的可能性。

"世有围棋之戏，或言是兵家之类。上者远其疏张，置以会围，因而成得道之胜。"在棋盘方寸之间，一流的棋手能够综观棋局，形成合围，从而胜局在握；中流棋手忙着阻隔对方棋子，胜负不得而知；末流棋手把手边角，急于形成方格而盘活一小片棋。

对财富管理而言，得道之胜者拥有通晓全盘面向未来的视野和核心资产科学配置的能力；过于追热点、追主题、跟消息就犹如管中窥豹，很难避免人性面对各种诱惑下迟早犯错而付出巨大代价；全部资产投资于单一标的犹如孤注一掷，或许早已注定"着棋求生于小地"的局限与结局。

财富管理应基于对国家产业经济发展脉络和环境大势的审视判断中追寻长期主义的时间力量、对投资策略的选择调整中找到内心的秩序、对投资行为的掌握控制中探索资配平衡与价值投资的真正意义，努力避免在投资中犯下的"靡不有初，鲜克有终"的通常错误。人生而静，感物而动，自知者明，经过全盘规划、审慎决策、持之以恒的符合人类进步方向的财富增长才是财富管理的无限魅力。

行棋洞微　　自有纲格

"权舆者，弈棋布置，务守纲格""随手而下者，无谋之人也。不思而应者，取败之道也"。对弈布局一定要遵守棋理，占边不如占角，挂角不如拥有腹地，大眼可胜过小眼，斜行不如正行，势子位于中心，直四板六皆是活棋。随手下棋，是没有谋略的棋手，不经思考就做出反应，必然失败。

正所谓，"天下之势，善谋之则无不利；天下之谋，善听之则无不良"。万事万物皆有章法，或主宾之序、或大小曲直、或圆缺参差、或疏密聚散。个人财富的持续增长也需要有远见格局、科学的策略甄选作为支撑，可谓棋势要开阔，棋路应严密，若网在纲，有条不紊，必有收获。

"故知己之害而图彼之利者，胜。知可以战不可以战者，胜。"高者看盘先看险，行棋、攻杀一定要清楚认识到我方面临的威胁。棋局变幻，棋局整体、局部和对手的特征都应该是棋手关注到的风险。投资者参与市场要善于借助财富管理机构的指引，更清晰地了解自己与风险偏好，通过组合配置的方法来合理分散风险，培养自己对于风险及波动的承受能力，量力而行，严谨而为。

一招举落，甚是消磨，千古棋局，往往一子牵全身。李泌有云："方若行义，圆若用智，动若骋材，静若得意。"市场是不断变化的，正如棋局云谲波诡，动静相应。《易》曰："非天下之至精，其孰能与于此。"持续的专业积累，是资本催生创新发展动能的孵化器，是市场消弭传统经济与科创经济之间的黏合剂，也是财富管理服务于实体经济、参与市场资源配置的助推器，对这些原理有了更为深刻的认识和洞察力，必然有益于从更长期、更大格局、更可持续的视角对投资标的潜心研究和精湛把握，并最终收获时间和社会的丰厚奖励。

围棋之妙，不至官子，不知输赢，在中盘厮杀后，胜败或见明显的趋势，但高手往往可以在坚守的棋理框架下最后阶段扭转不利局面。财富管理是探求真理的路子，如果坚持专业审慎的精神、坚定投资未来的趋势，矢志不渝地选择与志同道合的企业家和创业创新者同行，就不会畏惧短期的波动与过程的曲折，凡事不仅基于投资标的眼前的基本面与现金流，更要看到价值性投资与成长性投资的"诗与远方"。

观局明义　安而不泰

人生如棋，棋见品格。"安而不泰，存而不骄。安而泰则危，存而骄则亡"，胜不骄，败不馁，投资重在心态平和，须知"躁而求胜者，多败"的道理。"取舍者，棋之大计"，获胜切不可急功近利，处劣势而不能自乱阵脚，要懂取舍，知进退。

凡是下棋，胜而路多名为赢局，败而无路名为输筹。然有与无相互依赖，远与近互相补充，强弱相互映衬，利害互相促进。无论投资还是人生，都应该有拿捏分寸，进退有度，舍得之道，自有乾坤。"深入贪地兮，杀亡士卒"，如果贪图别人的地盘而贸然进入对方势力，会自损士卒。芒格也曾说:"超出自己能力圈的投资者很容易就会发现自己陷入了大麻烦之中。"所以,平和的心态、取舍的原则、能力的界限,都是让我们对市场保持敬畏,建立合理的安全底线,不做超出自己认知范围的投资。

孔子曰:"生而知之者,上也;学而知之者,次也;困而学之又其次也。"面对纷繁复杂的世界、各种短期诱惑与繁杂噪声,坚信长期主义或许是唯一拨云见日、应对不确定市场的正确方法。长期主义不仅是充分分享优秀企业成长价值的必然路径,也是投资者个人人生价值实现的终级归依。或许没有一种固定的投资方法足以让管理人和投资者变得足够优秀,而成就他们的其实往往是耐心的精神法则。巴菲特曾说:"复利和时间是其投资最主要的推动力。"相信未来,坚信长期的力量,就是投资中最朴素的第一性原则,也是执行起来最困难的真谛。

结语

"得年七十更万日,与子期于局上销",围棋因杜牧有了情深意切;"双棋未遍局,万物皆为空",围棋因孟郊添了仙风道骨;"胜固欣然,败亦可喜。优哉游哉,聊复尔耳",围棋因苏轼多了豪放洒脱。

围棋留下的精髓不仅在于得失之间的技法,更在于方寸之间得道之胜以及精神和文化的沉淀,正如财富管理,其魅力不仅在于盈亏的结果,更反映了管理机构和投资者长期积淀的品格、信念和情怀。"莫将戏事扰真情,且可随缘道我赢",在这场不完全信息的博弈中,财富如棋,"有先而后,有后而先""有不走之走,不下之下""有始少而终多者,有始近而终远者"。黑白世界,见微知著,赢在最后。

兴·文化

第 25 期

《谏太宗十思疏》 唐 魏征

求木之长者，必固其根本；欲流之远者，必浚其泉源；思国之安者，必积其德义。

颜氏家训与财富传承

◎ 林圆雅　朱楠楠　蔡孟奇

"务先王之道，绍家世之业"，颜之推并无赫赫之功，也未列显官之位，却因为训诫子孙而作的《颜氏家训》而享千秋盛名。止足、慕贤、勉学、省事……全书七卷二十篇，道尽其"生于乱世，长于戎马，流离播越，闻见已多"的履历与学识。颜之推的精神财富蕴藏于三万个方块字之间，千年来广为流传，我们看到了颜之推对后人的希冀，也从中嗅出了财富传承的道义。

"务先王之道，绍家世之业"，颜之推并无赫赫之功，也未列显官之位，却因为训诫子孙而作的《颜氏家训》而享千秋盛名。止足、慕贤、勉学、省事……全书七卷二十篇，道尽其"生于乱世，长于戎马，流离播越，闻见已多"的履历与学识。颜之推的精神财富蕴藏于三万个方块字之间，千年来广为流传，我们看到了颜之推对后人的希冀，也从中嗅出了财富传承的道义。

《颜氏家训》有云："处世，无所求，唯安。"人生在世，不愿有别的要求，只希望能"平安"。颜之推官至黄门侍郎，但并非显官之位，为官几十载所得出的道理，便是《止足篇》中的"仕宦称泰，不过处在中品，前望五十人，后顾五十人，足以免耻辱，无倾危也"，信奉"天地鬼神之道，皆恶满盈"的他，认为大自然的法则，都是憎恶满溢，出于对利益和风险的平衡，颜之推对于后人的期许便是："人生在世，平安就好，为官求财，止足即可。"

比起大富大贵，平安顺遂是人们更本能的期盼。人天然地厌恶风险，但财富的来源往往却是"富贵险中求"，即想要求得大富大贵，首先必须学会冒险，必须去接受风险。但这样的解释并不完整，所谓"富贵险中求"必须是在具备了足够能力之后才能实现的，仅仅因为铤而走险，莽撞冒险并侥幸、通过运气获得的财富都只是暂时的。正所谓"智不配财"，一个人拥有的财富，最终都是与其"心智"相匹配的。所以，富贵"险"中求，不是"险"在飞蛾扑火般的盲目，而应该是"险"在虎口拔牙般的智取，这个"险"不是勇于冒险走钢丝，这个"险"是系上保险绳大胆走。

在家族慢慢成长，财富逐渐积累、并悄悄的经历着——"创富、守富、传富"三个阶段，在这过程中，家族财富可能面临着资产规模缩水、经营模式转变和代际传承损耗等风险。这就像是一场接力赛，奔跑的过程中摔倒的风险和接力棒掉落的风险是交替存在的。"欲胜人者，必先自胜；欲论人者，必先自论；欲知人者，必先自知。"财产积累和传承的过程中，规避风险，按时将暴露在风险敞口面前的财富撤回到安全的防空洞中，是财富管理中必须具备的隔离意识。

《勉学篇》有云："谚曰：'积财千万，不如薄伎在身。'伎之易习而可贵者，无过读书也。"容易学习而又可致富贵的本事，无过于读书，由此可见颜之推对于学习的重视程度。但"术业有专攻"，当自身的学识有限之时，"近贤"则是最好的选择，因此颜之推才在《慕贤篇》中发出"傥遭不世明达君子，安可不攀附景仰之乎"的感叹，同时也敬告后人要"与善人居""君子必慎交游焉"，尊敬古代的贤人，向身边德才兼备的人学习。

学识积累与家财万贯，颜之推认为前者重于后者，但如若二者皆得，就能让财富长久传承吗？财富管理有三层境界：小富靠"术"，中富靠"规"，大富靠"道"。"术"是工具，重在实施，"道"是理念，重在统领，而"规"是谋划，介乎两者，承上启下。三者的平衡是一系列财富与理财境界完美匹配的状态，属于家族文化和顶层设计层面上的产物，其形成和稳定需要一个较长的过程，有的十多年、几十年，有的甚至靠几代人的实践打磨才能提炼而成，一旦形成，便能指引家族财富管理的具体行为和活动，将财富传承下去。

因此，当"积财千万"，却又无传承财富的"薄伎在身"时，又该怎么办？解决之道便是近"贤"、慕"贤"、求助于"贤"，寻求专业家族财富管理机构这样的"贤"，指引家族财富管理的具体行为和活动。专业人士提供的大类资产配置、市场趋势的综合判断和家企整体治理方案等服务，正是"术""规""道"的专业体现，三者统一，使财富管理成效事半功倍。家族财富管理不仅是"锦上添花"，也是"亡羊补牢，亦为时不晚"，财富传承正面临着正确手段抉择的时刻，寻求专业人士的帮助是明智的选择，也是集思广益的最佳手段。

"求木之长者，必固其根本；欲流之远者，必浚其泉源。"在《颜氏家训》的影响下，颜氏子孙在操守与才学方面都有惊世表现，光唐朝便有颜师古、颜真卿、颜杲卿等震烁千古的大才，即使到了宋元之后，颜氏族人也仍然入仕不断，足证其祖所立家训之效用彰著。唯安，止足，勉学，慕贤……这是颜之推传承至今的处世哲学，同样也是财富延续的真谛所在，将家族财富托付于专业机构，寻求"术""规""道"的三者平衡，财富也能如《颜氏家训》一般传承千年。

兴·文化

第 26 期

《诉衷情·小桃灼灼柳鬖鬖》
宋 黄庭坚
小桃灼灼柳鬖鬖，春色满江南。雨晴风暖烟淡，天气正醺酣。
山泼黛，水挼蓝，翠相搀。歌楼酒旆，故故招人，权典青衫。

心灵广袤必有蓝色的力量

◎ 袁 悦

"物有无穷好，蓝青又出青。"迈入新时代，面对新挑战，我们需要一抹经典蓝。蓝色是永恒的象征，对蓝色的偏爱，或许正是源于蓝的纯净而美，蓝的静谧而安，蓝的深邃而智。

蓝色，是多样的颜色。有天空的湛蓝、大海的蔚蓝、澄澈的水蓝和静谧的深蓝……无论什么蓝，都蕴含着本色的辽阔和包容。

"物有无穷好，蓝青又出青。"迈入新时代，面对新挑战，我们需要一抹经典蓝。蓝色是永恒的象征，对蓝色的偏爱，或许正是源于蓝的纯净而美，蓝的静谧而安，蓝的深邃而智。

蓝色，是多样的颜色。有天空的湛蓝、大海的蔚蓝、澄澈的水蓝和静谧的深蓝……无论什么蓝，都蕴含着本色的辽阔和包容。

蓝色，是纯净的颜色。"秋水共长天一色"，蓝色犹如水波轻柔翻动的自由，不带一丝杂念，让一切浮躁和喧嚣休止。

蓝色，是高贵的颜色。在艺术史上，蓝色的原料最早来自阿富汗一条山脉中稀有的青金石，这曾是只有皇室、贵族才用得起的颜料。埃及艳后的眼睑上总会覆上厚重的蓝色眼影，因此蓝色也被称为"皇家色"，蓝色的高贵可见一斑。

蓝色，是被赋予了最多意义的颜色。蓝色，有着数不清的故事，它像是海鸥划过蓝天的一幅剪影，引人无限遐想；又如碧海浸润的一湾浅滩，唤起人们澄澈空明的欢愉；广袤的心灵，走不出蓝色编织的梦幻，也是我们对浩瀚世界怀着的无尽期许。

蓝色生命

蓝色，始于蔚蓝深海，终于湛蓝长空，它既是生命的神奇起源，也是心灵向往的远方。

生命，起源于原始海洋中，而后演化成各种生物，构成蔚蓝星球。大海的蓝中孕育着各种生命，在朵朵蓝色涟漪中包容万物，"海纳百川，有容乃大"，在海的蓝色中，蕴藏着磅礴的生命能量。

蓝色，是任意时刻的天空，空灵且深邃。《东方幻想乡世界》中说道："天空是所有生命向往的归宿。"在复杂的尘世，人总是在不断地选择和放弃，不经意间容易偏离真实的自己。而在一切沉寂之后，蓝色是生命深处最真实的自己。

从宇宙中望地球，覆盖地球三分之二面积的海水散发着蓝色微光，尽管陆地上有土地的褐色或是森林的绿色夹杂在一起，远远地看，整个地球仿佛披裹着一条轻柔的蓝色面纱，因此地球也被称作"蓝色星球"，那独特的蓝色，正是生命的颜色。

兴业证券的司徽由红、蓝双色组成，在深邃蓝色的映衬下，红色显得愈发饱满鲜活，赋予兴业证券蓬勃的生命力，"如月之恒，如日之升"，这种朝气蓬勃不仅体现在兴证人的精神面貌上和凝结于兴证文化的不懈追求中，更体现在兴业证券"集团化、专业化、国际化"为客户、为社会、为股东创造价值的初心、恒心与希望中。

蓝色诗意

斯洛伐克的圣伊丽莎白教堂，像一支淡蓝色的风信子，绽放在布拉迪斯拉发的老城里。其蓝白相间的外观，相较于欧洲大多数肃穆庄严的教堂多了一丝柔和清新的美感。日落时分，大片金黄铺在蜿蜒起伏的蓝白线条上，美得如梦如幻，恍如童话。

设计师埃德蒙·莱赫纳对蓝色的大胆运用使其成为匈牙利天主教堂中新艺术的代表。因外观和内饰大量运用蓝色，教堂内的椅子也是蓝色的，被人亲切地称为"蓝色教堂"。蓝色教堂似乎在代表这座城市低调地告诉人们，即使少有人关注，也要坚定自己的美好。

《蓝色的多瑙河圆舞曲》，整首乐曲给人以清澈典雅、层层递进的华丽之感，使人沉浸在诗一般的意境之中。多瑙河的蓝代表了艺术家们希望多瑙河水永久清澈的期望，在他们看来蓝色是最为纯洁的颜色。闭上眼，聆听蓝色多瑙河的乐章，河水像一条美丽的蓝丝带自由地游曳着，穿过欧洲大陆，令人遐想联翩。

蓝色，与红绿一起构成了色彩理论里最基本的三原色，几乎主宰了艺术世界。在艺术界，蓝色占据了重要地位。其中有一种蓝色价值千金，那就是群青蓝（Ultramarine blue），又名"正蓝"。因其昂贵一般在创作圣母这样的人物时才会使用，所以群青也被称作"圣母蓝"。

巴洛克艺术家维梅尔（Johannes Vermeer）为了创作他的名作《戴珍珠耳环的少女》，几乎散尽家产才取得足够的群青蓝颜料，而这幅画也被誉为"北方的蒙娜丽莎"，是油画中的国民初恋。

毕加索在1901年到1904年，其画作大面积地只使用蓝色，被后人称为"蓝色时期"，也代表他对自己人生系统性地自我反省。

梵·高曾在给弟弟的信中写道："没有什么颜色比钴蓝色更能为事物增添气氛了。"在《星月夜》中他运用了大片深浅不一的蓝色，相互交织的弯曲长线和破碎断线构成了奇幻的星空景象，而这脱离现实的景象和具有冲突感的色彩搭配，生动地描绘了充满运动和变化的星空，给后人无尽启迪。

到了现代，蓝色成了时尚界的宠儿。无论男女，穿上蓝色的单品，其所传递出的优雅干练，使人瞬间成为最亮眼的存在。

兴证蓝具有勇气与豁达之感，向社会展示出的是兴证人博大的胸怀与永不言弃的精神，"百尺竿头须进步，十方世界是全身"，不忘初心，砥砺前行，以突出实干、实绩为导向，为建设一流证券金融集团的目标而不断奋斗；同时，兴证蓝也代表兴证人讲责任、讲奉献、讲格局，对美好生活的无限向往，对远大抱负、高尚情操、不朽品格和艺术情怀的执著追求。

蓝色智慧

有人说，如果智慧有颜色，那一定是蓝色。蓝色给人以博大广阔的印象，人们总是将蓝色与智慧、信任与静谧的神奇力量联系起来。

古罗马哲学家往往会穿上蓝色的衣服，向世人展现他们的睿智与超凡脱俗。

牛津大学的校徽的主色调是深蓝色，剑桥大学的则是浅蓝色，而在今天的美国大学制度中，蓝色，依然是哲学系的代表色。

记者和心理学家Lisa Johnson Mandell写道："蓝色是面试的最佳色彩，因为它散发出信心和可靠性。"日本最著名的浮世绘《神奈川冲浪里》运用了大量的蓝色，画中船只在巨浪裹挟中奋进，神秘浩瀚的蓝海赋予了人类与自然抗争的无畏坚韧与必胜的信念。

蓝色是科技色。天空、大海和地球都是蓝色的，这三者都是科学研究最原始的对象，科技是探索，蓝色是梦想。很多科技场所会以蓝色为主色调，代表未来生产力的逻辑创造思维力量。

"蓝图"一词最早出现在建筑中，被铁盐浸泡过的图纸具有良好的感光、耐脏、耐水特性。从图纸看未来的高楼大厦，有一种油然而生的憧憬。渐渐的"规划蓝图"一词就出现在除建筑以外的各个行业领域，变成现实不断努力去追逐、创新的目标和路径。

"学虽有专攻，术亦有穷欤。"兴业证券的司徽源自太极，司徽包含的两股盘旋上升的蓝色和红色力量中，蓝色展现了兴证稳健与专业的智慧形象，红色则代表了热情与执着向上的精神。司徽将东方哲学与智慧融入其中，相互渗透，亦动亦静，象征生生不息、空间无限的美好寓意，同时彰显专业、专注、专一于为客户创造价值的卓越追求。

结语

"山泼黛，水挼蓝，翠相搀。"法国艺术家伊夫·克莱因曾说："蓝色是天空、是水、是空气，是深度和无限，是自由和生命，是宇宙最本质的颜色。"蓝色就如同有着无限包容力的时空宇宙，唤起人们最强烈的求知欲和心灵感受力。无论世界风云变幻，每个人的心中都有一抹永不过时的经典蓝，宁静沉稳，纯粹隽永，指引我们在时代的浪潮中追逐浪花，奔涌向前。

兴·文化 第 27 期

《前出塞九首（其六）》
唐 杜甫
挽弓当挽强，用箭当用长。
射人先射马，擒贼先擒王。
杀人亦有限，列国自有疆。
苟能制侵陵，岂在多杀伤。

绿茵场上的足球——魅力与资产配置的足球哲学

◎ 李丹蕾

　　足球比赛的规则中，每支队伍上场人员为11人，除守门员外，常见的战术有"433""343""4321"等不一而足，而这10个球员无论如何排兵布阵，不外乎前锋、中场、后防的调配，就好像资产配置中，不外乎高风险资产配置、稳健型资产配置、保守型资产配置。抑或以资产配置方法划分——资产分配法、负债驱动投资、目标导向法。"足球是圆的"，让我们一起分享资产配置中的"足球哲学"。

足球比赛的规则中，每支队伍上场人员为11人，除守门员外，常见的战术有"433""343""4321"等不一而足，而这10个球员无论如何排兵布阵，不外乎前锋、中场、后防的调配，就好像资产配置中，不外乎高风险资产配置、稳健型资产配置、保守型资产配置。抑或以资产配置方法划分——资产分配法、负债驱动投资、目标导向法。"足球是圆的"，让我们一起分享资产配置中的"足球哲学"。

守住自己的球门

拜仁名宿贝肯鲍尔曾说过："防守固然重要，但要同进攻结合起来；光凭防守并不能取胜，顶多只能做到不输。不输不等于取胜。一个好的'清道夫'应该是防守核心，进攻的组织者，是典型的最现代化的全面型运动员。他应该知道什么情况下进攻，什么情况下该后退。"

这是很典型的"负债驱动投资"。所谓"负债驱动"，另有说法称"资产负债管理"，本质上为在确保到期负债可以被有效偿还的基础上（抑或理解为投资者希望保本的投资部分），利用盈余（资产—负债）去获得超额收益。守门员是全队的最后一道防线，绝不能有不合理的过失，他在一场球赛中表演出色，就会给队友带来很大的鼓舞。守门员应尽力利用身躯作掩护来挡住球，以免脱漏。

常见的"零封"策略有"对冲/追求收益组合方法"，简单地讲，就是把投资组合分成两个部分——对冲负债部分和追求收益部分，这是一般保险公司和社保基金常用的资产配置方法。对冲负债部分对资产类别的要求会更多集中于固定收益类理财产品、货币基金，以确保固定、定期的流动性或避免预期之外的现金流支出，守门员是球队的最后一道防线，就是资产配置中的防守型资产，比如意外险、重疾险、医疗险、子女教育年金、养老年金等不同功能的保险；追求收益部分则可以选择配置风险和收益相对较好的投资品种。

把球传进对方的球门

"眼看他起朱楼,眼看他宴宾客,眼看他楼塌了"语出《桃花扇》,最近却常见于被热议的西甲百年豪门巴塞罗那足球俱乐部的一地鸡毛。但是,缔造了巴萨"梦一时代"的荷兰传奇巨星——克鲁伊夫的"足球哲学"及其得意门生瓜迪奥拉执教下"梦三时代"的Tiki-taka(传控)战术,确实值得仔细研究,并从中找到资产配置的哲学。

克鲁伊夫的足球哲学是"进攻最先由门将发起,而防守最先由前锋开始""踢足球非常简单,难的是踢简单的足球"。这种战术要求中场队员可以组织全队迅速攻防转换、全防全攻。比如当投资者或者投资顾问对手握的股票头寸未来走势有明确判断时,可以选择卖出看涨期权,获取期权金,增加"进攻点",当然,这会损失部分股价上涨的潜在收益。

战术是服务于球队水平的,在当时的梦三队,年龄结构合理、队员之间长期配合,瓜迪奥拉甚至排出过首发均为巴萨"青训出品"的阵容,亚亚·图雷和伊布是当时巴萨"抛弃"的两位顶级球员,克鲁伊夫曾说"每个位置上都选用最好的球员,那么你得到的不会是一支强大的团队,而是11个强大的球星"。这就类似于资产配置中需要考虑投资品种或行业的相关性,以投资工具为手段,进行低相关性甚至负相关性与高相关性或正相关性之间的配合。比如投资者从事能源行业或者能源行业的头寸较为集中,可以建议相关性与能源行业低一些的行业以分散风险,或者建议对应的衍生品来对冲风险。

有球迷称巴萨的踢球方式是"把球传进对方的球门""坐在屏幕前看那支巴萨的比赛,如果你拿个手柄就像在打实况"。但是,克鲁伊夫为巴萨打造攻防体系,一定程度上也增加了球队在关键战中的不确定性。这就像投资活动中的风险敞口,风险足够大、收益足够吸引人,对投资技能的要求也足够高。比如前文提到的衍生品，以涉及跨国贸易的机构投资者为例，此类投资者需要对冲汇率风险，尤其在面临国际形势复杂多变的情况下，更需要投资经理来专门管理汇率风险。

传控、向前传控

克鲁伊夫一切对于防守的颠覆，都成就了进攻的高投入和高产出。所有人都能参与进攻，无数的进攻点和交叉换位，无数小范围的精妙配合和充满想象力的传球，这一切还都建立在超高的传球成功率上的基础。以2010/2011赛季巴萨与曼联的欧冠决赛最能体现传球率和控球率的重要性，这种规格的比赛很少会出现传控比率差异如此之大的情况。

这就像投资活动的再平衡策略，每个投资者都有其投资目标和风险约束，投资顾问可以协助其进行量化和排序，形成战略资产配置，再平衡政策即在落实战术资产配置比例以及根据实际情况对资产配置的比例进行动态调整的过程。在执行上一般以月度或者季度为单位进行，以期获得短期超额收益，夏普指标是常见的衡量短期战术资产配置成功与否的指标，在满足风险约束的前提下，"传控，向前传控"，以获得更多的超额收益。

但是，投资活动频繁变更投资品种、频繁再平衡，是需要付出显性或隐性成本的，尤其对于规模较大的变动，甚至会对全市场造成影响。因此，再平衡政策的执行需要权衡超额收益和交易成本，这也是动态调整需要事前约定调整单位的原因之一，当然特殊主体有时还会涉及信息披露问题。

结语

"一千个人眼中有一千个哈姆雷特",巴萨的传控风格,并非为所有看球者所接受,每次西班牙国家德比之后,球迷之间都会引起很大的骚动。有多少球迷是巴萨的拥护者,就会有同人数的球迷追随于皇马的快速反击。这也就像每个投资顾问、投资经理都有自己的投资风格。无论足球还是资产配置,抛开"场外因素",专注运动本身,才是最纯粹的。"挽弓当挽强,用箭当用长",将"足球哲学"类比到资产配置,在财富管理过程中做到审时度势,顺势而为,知其可为与不可为,可为者为我所控,找到最适合自身的方式,必定也是无往而不利的。

兴·文化

第 28 期

《道德经》
春秋 老子
持而盈之，不如其已。
揣而锐之，不可常保。
金玉满堂，莫之能守；
富贵而骄，自遗其咎。
功遂身退，天之道也。

◎ 李 扬　鞠铭遥　干澄姣

秋、易经与财富之含藏收敛

秋，处于一年中的转折点，万物，开始从繁茂成长趋向成熟消寂……

在自然界的温度、湿度、风向、阳光等元素的渐变中，我们感知着秋光、秋色、秋声、秋思……

"云天收夏色，木叶动秋声。"暑去凉来，天高云淡，树叶飘零。春风可以吹拂无边春色，秋风却可使草木枯萎、万物始伤，自然勾起无数诗人和游子的忧思感伤。但刘禹锡却极为豪迈，面对着漫天秋色，果实成熟飘香，不禁感叹出"自古逢秋悲寂寥，我言秋日胜春朝"的别样情怀。

秋，处于一年中的转折点，万物，开始从繁茂成长趋向成熟消寂……

在自然界的温度、湿度、风向、阳光等元素的渐变中，我们感知着秋光、秋色、秋声、秋思……

"云天收夏色，木叶动秋声。"暑去凉来，天高云淡，树叶飘零。春风可以吹拂无边春色，秋风却可使草木枯萎、万物始伤，自然勾起无数诗人和游子的忧思感伤。但刘禹锡却极为豪迈，面对着漫天秋色，果实成熟飘香，不禁感叹出"自古逢秋悲寂寥，我言秋日胜春朝"的别样情怀。

"秋"代表什么？一边是现实的洞察，一边是梦幻的礼物。草枯了还会重生，花萎了还会开放，叶落了还会发芽……一千个人心中有一千个"秋"，这不能不让我们想到那本博大精深、阐述天地世间万象变化的古老经典《易经》。

《易传·系辞上传》曰："易有太极，是生两仪，两仪生四象，四象生八卦。"作为百经之首的《易经》，历经伏羲八卦、文王六十四卦和孔子《易传》，随华夏文明传承精髓至今已有两千余年。宏观之，易经之学可阐述苍茫天宇间的世事变化，微观之，易经之道亦可透析万事万物中的玄妙灵机。然自古文明社会之始，代出人类财富的传奇，当下的我们在津津乐道财富佳话之余，何以参破其中生息之奥妙呢？或许借鉴古人易经中的智慧可以解读一二。

易有太极

人生所得，多由幼时遇闻而成年后思悟之，记得小时候第一次接触"太极"，是跟着爷爷在公园看他打太极拳，节奏慢中有快，力道柔中带刚，招式避实就虚，让我领略到静中生动、虽动犹静的魅力，而脑海中如行云流水般的太极拳法随着爷爷的身影一直在记忆中深藏着，在经过岁月积淀后自己更是悟得太极拳法善借力发力、需内外兼修的特点精髓。

细看"太极"二字，颇为有趣，"极"乃穷尽无限之意，"太"则是大字加了一个小点。既无穷大又无穷小，是曰"其大无外，其小无内"，如果说世上有什么事物符合太极的特点，也许只有生养万物的自然了。正所谓"人法地，地法天，天法道，道法自然"。

"道法自然"，是为一种动态生息的智慧，结合到财富管理方面，则是在历年来轮动周期里此消彼长的股票、商品、债券、房地产、贵金属等资产中，寻找其动态价值变动背后的恒定规律，大类资产配置的方式，实践周期转换于财富生息中的核心理念。在投资的过程中，"顺天之时，随地之性，因人之心"或许比妄为而无章更能获得长期稳定的收益。

易生两仪

《系辞》曰："一阴一阳之谓道，继之者善也，成之者性也。仁者见之谓之仁，知者见之谓之知，百姓日用而不知，故君子之道鲜矣。"阴阳相生转换，既是唯物论也是辩证法，它存在于我们生活中的方方面面，古代智者用"塞翁失马焉知非福"的典故阐述冥冥之中福祸相依的玄机；而春种秋收四季轮回的自然之象，更是演绎着有舍有得的定律。

如果要将太极阴阳的思想哲学形象化于投资交易，或许有一个能够较精准表达"太极"奥义的技术分析工具——K线，又称阴阳线，其起源于日本德川幕府时代的米市计价，之初写作"罫"（日本音读kei，中国多音读gua\guai），意为"易经之卦"，后西方发扬时以日本音的英文首字母K直接将其音译为"K"，因此K线实际是"罫线"的读音，由此发展而来。K线分一阴一阳，两仪之象，通其玄妙亦是归于万物负阴而抱阳，冲气以为和。阳至而阴，阴至而阳。日昃而还，月盈而匡。

《易经》有言"天垂象，见吉凶"，可知天地有自己的规矩，万物有自己的法则。庄子有曰"嗜欲深者天机浅，嗜欲浅者天机深"，若人欲壑难填、得陇望蜀，就易在贪得无厌中失去宝贵的生之灵性，错过人生中美好的机遇。而若人张弛有度、适可而止，静水流深以宁静致远，就易增得宝贵的灵与慧，遇到生命中美妙的缘分与福祉。

投资知易行难，无论是牛市时"一万点不是梦"的疯狂口号，还是股灾暴跌后的夺路而逃，历史均会验证这亘古不变的阴阳相生之道。以此道微观股票市场中的股价与公司，影响股价的核心因素之一是公司的业绩，而公司业绩的变化由内外因之和呈现出上涨或下降的趋势。上涨业绩是为阳，生得股价之阳，下降业绩是为阴，生得股价之阴。而业绩之阴阳变化亦可生得股价阴阳之反转。

由此可得，正值天时地利人和的投资标的，因其符合道法自然之律，则有阳之根本，其两仪之中阳是常，阴是非常，逢阴而入；处在非道的投资标的，其两仪之中，阴为常，阳为非常，见阳当出。

四象八卦

《易系辞传》记载："古者伏羲氏之王天下也，仰则观象于天，俯则观法于地，观鸟兽之文与地之宜，近取诸身，远取诸物，于是始作八卦。"八卦分别为乾（☰）、坤（☷）、震（☳）、巽（☴）、坎（☵）、离（☲）、艮（☶）、兑（☱）。上中下三爻对应天地人三才，"天行健，君子以自强不息；地势坤，君子以厚德载物"。在八卦的基础上，经过广大人民群众的不断总结，周文王又将其汇总成六十四卦。

观之六十四卦中的第六十三卦为"既济：亨小，利贞；初吉终乱"。意为功德完满，连柔小者都亨通顺利，有利于坚守正道；开始时是吉祥的，但如有不慎，终究必导致混乱。

而《易经》六十四卦中的最后一卦为"未济：亨，小狐汔济，濡其尾，无攸利"。意为小狐过河尾向上舒，可刚要到河边尾巴就被沾湿了，没有过去，以此喻事情尚未完结，还要向前发展。

明明是后面还有一卦的六十三卦却为"既济"已经成功，明明是最后一卦的六十四卦却为"未济"仍为完结。也许整部《易经》通篇，无不是在讲述着阴阳相生、轮回发展的故事，物极必反否极泰来，才是最朴素的人生哲理。

财富之含藏收敛

似乎世人究其一生都是在追求一个不可预知的结果，然而明天的结果无不起因于用心付出的现在。创富、守富与传富道路上，每个人都是开拓者、践行者和见证者。唯有历经无数个四季交替的变化、经过时间的长期累积，才是投资者守正出奇，行稳致远的真谛。它需要我们从"中国大周期"的历史视角中，把握核心资产及其结构的动态平衡，顺应时代发展的趋势，捕捉与人的发展最密切相关的前沿投资方向。兴于远见，智享未来，财富之路上我们须习得从辩证的角度看问题，以未来的眼光看事物，正所谓"道生一，一生二，二生三，三生万物"。

"持而盈之，不如其已。揣而锐之，不可长保。金玉满堂，莫之能守；富贵而骄，自遗其咎。"一事要圆满，就要含藏收敛；一事已圆满，更要含藏收敛，这就是四季交替中大自然孕育的"秋"的规律与道理。追求财富的过程，若能够从秋的含藏收敛中，懂得选择，学会放弃，经得起诱惑，耐得住寂寞，财富的生命线，必能在我们持之以恒的长远追求中壮阔延展，实现无限可能。

兴·文化

第 29 期

《秋词》
唐 刘禹锡

自古逢秋悲寂寥，
我言秋日胜春朝。
晴空一鹤排云上，
便引诗情到碧霄。

南宋 夏圭《秋溪放牧图》

◎ 边维刚

悟慢牛与慢富 参秋实和秋悲

　　天之于物，春生秋实。春是一个萌发涌动的季节，秋是一个耐人寻味的季节。秋季是甘醇的酒、壮丽的歌、成熟的韵。如果说四季轮回是一部动人心弦的戏剧，那么秋季一定是戏剧的高潮。

　　然而，自古诗人多悲秋。"秋风清，秋月明，落叶聚还散，寒鸦栖复惊。"草木无情，还会按时飘零；人有灵性，怎能不被飒飒秋风触心，真可谓"长相思兮长相忆，短相思兮无穷极"。"万叶秋声里"是古今才子佳人内心最柔软的留白，也正是秋悲最深沉的意境。

天之于物，春生秋实。春是一个萌发涌动的季节，秋是一个耐人寻味的季节。秋季是甘醇的酒、壮丽的歌、成熟的韵。如果说四季轮回是一部动人心弦的戏剧，那么秋季一定是戏剧的高潮。

然而，自古诗人多悲秋。"秋风清，秋月明，落叶聚还散，寒鸦栖复惊。"草木无情，还会按时飘零；人有灵性，怎能不被飒飒秋风触心，真可谓"长相思兮长相忆，短相思兮无穷极"。"万叶秋声里"是古今才子佳人内心最柔软的留白，也正是秋悲最深沉的意境。

老子说："惚兮恍兮，其中有象；恍兮惚兮，其中有物。"我一直在想：自然是大人生，人生是小自然。领悟秋实成熟与秋悲萧杀蕴含的智慧，洞察四季轮回的大自然规律，作为理解、遵循和运用人生小自然"慢不忘牛，慢富不慢"的法则和道理，也是一个人走向成熟、自由与圆满的必经之路。

秋音为商

慢不忘牛

秋风乍起，秋音满耳触动心灵。这秋风的声音，初听淅淅沥沥，萧萧瑟瑟；忽如风雨骤至，波涛夜惊，琮琮琤琤。再听，又像是奔赴战场的士兵们疾步行军的声音……这就是"千古文章四大家"之一欧阳修"词章窈眇，世所矜式"的感叹"噫嘻悲哉！此秋声也"。

"秋音为商。"在音乐中，商音为西部之音，指向悲壮。商音又属五行之金，如先强后渐弱的金锣声，其声沉而雄伟。因此，秋音具有收敛密集之意，其旋律凝重委婉，但不抑郁伤忧；柔肠百转，但不消沉迷失。我想这一定就是秋季警示的"悲而不伤、藏锋敛锐"的天象。

秋以自身的渐变提示万物的转折点，从繁茂到成熟，从成长到消寂……人天然处于自然之中，从大自然中观照盛衰的本源、感应秋气的跌宕起伏，理解资本市场变化之"慢因素"与"快因素"的耦合交融，将极大地拓展财富管理认知的框架与范畴。

中国资本市场跌宕起伏三十年，市场的风雨变幻给不少人留下了心理阴影，从而容易忽视资本市场全面深化改革迈入新时代的历史性机遇。伴随着中国经济发展正从高速增长阶段转向高质量发展阶段，国家奉行更加积极的改革开放措施，中国金融市场正逐步建设成为世界最强大的金融市场之一，为满足居民不断增长的财富管理需求提供了"长牛"的空间。

吸取大起大落的历史教训，有韧性的资本市场大概率将以"中国式慢牛"的成熟生态催生巨大绵长的财富效应，引发居民的资产负债表储蓄习惯悄然而深刻的变化，并有利于形成虹吸社会长期资本的正向循环。

一方面，内外双循环的基本面、流动性、估值等诸因素，犹如温度湿度、风向阳光等阴阳元素的不时变化，其复杂交织必然影响和压制投资者的风险偏好，使资本市场如四季轮回的能量转化和起伏波动不可避免。起伏与波动，可能引致了"慢"；"慢"，可能意味着更多的波折，慢则长。投资人应该降低预期，以新常态认识和应对充满的波动，而避免陷入未来仍如这两年基金投资获得超额阿尔法收益的幻觉奢求。

另一方面，敞开胸怀，理解变化，拨开中国经济中存在的结构性问题的"悲秋"迷雾，"中国大周期"才是决定投资的最自然的"长牛"之本色和财富管理真正的沃土。因此，我们需要坚定信心，以更长远的视角保持"慢牛思维"，而勿以"慢"而忘"牛"。

秋律为夷

富贵用兵

秋天，是季节的执刑官。"曲江萧条秋气高，菱荷枯折随风涛。"秋气凛冽，山川寂寥，草木零落。强大的秋气使阳气转衰、阴气转盛，意态萧条。秋象用兵，藏天地刀气，有肃杀夷灭之心。故云："夷为七月之律，指向杀戮。生物老了就会悲伤，生物过盛就会杀戮。"

秋律是幻觉的归寂。"菊花开，菊花残。塞雁高飞人未还，一帘风月闲。"山远天高，烟云水气又冷又寒，苦味的菊花开了又落了。塞北的大雁在高空振翅南飞，那种"无边落木萧萧下，不尽长江滚滚来"的沉郁顿挫和悲天悯人之心喷薄而出，使沉浸于夏日热烈奔放的亢奋中可能膨胀的幻觉顿时被秋季拉回于寂寥宁静。

"知其雄，守其雌，为天下溪"，这或许也是秋天最好的注解。流水不争先，争的是滔滔不绝。财富管理可以有庞大雄伟的目标，但更是一场长期的"慢"修行，抗衡"秋气凛冽，秋律肃杀"的坚定勇气和强大能力不可能是一朝一夕建立起来的。

对于财富管理机构而言，必须时刻以能成为投资者可用之兵将为己任，以"立见地、实修证"整体观统摄全局，以基于资本市场新格局的"慢牛"思维、责任文化和专业精神，帮助投资者穿越周期与迷雾。立见地是要始终保持对市场的敬畏之心、引导投资者树立"慢富"的正确方向；实修证是踏踏实实践行投资的准则、守护投资的纪律，合而为一才能抵达彼岸。

财富路途上可悲的事情，莫过于总是徒劳担忧那些力所不及、智所不能的事情，时常为账面盈亏患得患失、为各种忧愁劳身伤神。其实，"慢牛"的状态，是最好的投资时期。对于投资而言，贵于相信而用兵，必可召唤幸运。

一边是现实丛林，一边是坐享森林。"慢牛"意味着不可能"鸡犬升天"，未来机构管理人的能力将加速分化，选择理念一致、经得住时间考验的长跑将军为己所用，与之同行，必然有利于更好地抗衡秋气肃杀对人性的折磨，长期分享资产管理和财富管理机构化带来的慢富红利。资本市场的"预期差"原理表明，相信的人赚到不相信的人的钱，高认知的人赚到低认知人的钱,相信并借助专业长跑者的兵势,把勤奋和时间用在对的地方,生命将更为从容和有意义。

秋声可赋

慢富不慢

"秋气堪悲未必然,轻寒正是可人天。"一代"诗宗"杨万里心中的秋天极有情趣。秋天里轻微的寒意,正是令人舒适的天气。绿色池塘里的荷花虽然都落尽了,但新长出来的的小荷叶,圆如铜钱,奔逸活脱。

"自古逢秋悲寂寥,我言秋日胜春朝。"刘禹锡更是一反过去文人悲秋的传统,唱出了昂扬的励志高歌。他尽情赞美秋天,说秋天比欣欣向荣的春天更胜过一筹。这是诗人在跌入低谷时逢秋不悲、面对权势绝不低头的宣言。

秋天是一年变化的转折点,从成熟的角度看,秋天意味着四季在返本归源中,快速走完一个完整的周期,就像《易经》中的第六十三卦既济圆满。但这并不是真结束,后面有六十四卦的未济——收敛蓄积后重新开始,这才是真圆满。慢,正是在这样的循环往复中生生不息的力量。在循环往复中厚积薄发,生生不息中慢富不慢、通达无量。

学习不是为了找表面的捷径,而是认知的思维。在充满棘刺和考验的财富探寻道路上,但愿我们每个人都是"慢牛"的长期主义坚守者,是价值投资"慢富"毫不妥协的战士,是价值创造"慢牛+慢富"刚强轩昂的雄狮!机会主义和过度投机,往往经受不起时间的考验,而价值投资主导的"慢牛型"资本市场,不仅可以催生科技创新与商业进化,汇聚支撑实体经济发展的"慢富不慢"的资本新生力量,更是人类文明和社会繁荣宁静致远、生生不息、持续发展的康庄大道。

结语

"实际理地,不着一尘;万行门中,不舍一法。"正因秋悲肃杀寂寥,更使秋实内敛沉稳。大自然拥有无穷宝藏,而天地万物却各有所属。如果是我们的,秋季就是最成熟的圆满;如果不是我们的,分毫不该占取,这大概就是秋天胜似春朝的真正玄机吧。念念注意,事事修行。面对人生和财富的波澜起伏,唯有摒弃"贪婪"作祟的赚快钱和暴富心理,抱着对价值投资真理的坚守,懂得与靠谱的人长期同行,才能在理解市场"慢牛"的波动与节奏中多一份坚毅、守护"慢富不慢"中多一份豁达、修行内心富足与自由宁静中不着一尘,并最终喜悦地接受时间这个朋友的巨大馈赠。

兴·文化

第 30 期

《易经》 西周

天行健，君子以自强不息；
地势坤，君子以厚德载物。

财富进取之道
晋商精神与

◎ 王梓宁

"五千年文明看山西"，凡是到访山西者，定会去大院走走。山西的大院同兴盛一时的晋商文化密不可分。跬步于高大恢宏、集精撷秀的大院，一宅、一巷、一砖、一瓦皆为晋商五百年传奇历史留下的文化印记，"纵横欧亚九千里，称雄商界五百年"的晋商精神向我们昭示着义利相通的财富进取之道。

"五千年文明看山西"，凡是到访山西者，定会去大院走走。山西的大院同兴盛一时的晋商文化密不可分。跬步于高大恢宏、集精撷秀的大院，一宅、一巷、一砖、一瓦皆为晋商五百年传奇历史留下的文化印记，"纵横欧亚九千里，称雄商界五百年"的晋商精神向我们昭示着义利相通的财富进取之道。

笃实不欺　信义为本

晋商作为中国十大商帮之首，盛及明清两朝五百年。不仅在神州大地上创造了"财雄天下，海内最富"的商业奇迹，而且烙下了亘古未有的商业文化。

晋商深受儒家文化的熏陶，以儒学指导商业经营，其核心价值观为"义利相通"，把儒家思想融入行商治世的从业要略，营造了商儒并重、敬"士魂"而重"商才"的社会氛围。孟子曰"义，人之正路也"；晋商王文显提出"夫商与士，异术而同心。故善商者，处财货之场而修高明之行。是故虽利而不污。故利以义制，名以清修，天之鉴也"。晋商崇祀关羽，"不敬财神敬关公"屡见不鲜，这不仅因为关羽是山西人，更因关羽是义利观的典型代表。

"传家有道唯存厚，处世无奇但率真""经济会通守纪律，言辞安定去雕镌"，散落在乔家大院的匾额楹联讲的都是真诚、守规。乔致庸告诫儿孙，经商处事应以"信"为首，以信誉得人；其次是"义"，不哄人，不骗人，不昧心；第三才是"利"，不能把"利"摆在首位。

"仁中取利真君子，义内求财大丈夫。"晋商的票号实现"汇通天下"，归根结底是得益于"信义"。1823年，雷履泰在平遥创办日升昌票号，做到"一纸之符信遥传，万两之白银立集"，票号的设立是中国金融史上的创举和革命。当时社会环境复杂多变，没有任何金融制度加以制约，若票号的经营没有内在信义的支撑，很难形成这样的商业模式。

山西晋商所立票号，法至精密，人尤敦朴，信用最重。因此，"信义"已成为晋商兴盛的无形财富。

财富管理服务的本质便是与客户建立信任，有了信义，才能赢得客户。于财富管理行业而言，同业竞争激烈，想要与客户建立长期的信任关系不可能一蹴而就，急功近利、过于短视则无法长久。正如选择好公司、好基金并长期持有才能收获，财富管理只有坚持"以客户为中心"，始终将客户需求放在第一位，通过长期的坚守和耐心的陪伴，为客户创造价值，才是真正的双赢之道。

不拘一隅　自强进取

明代时，晋商活动范围已"半天下"，到了清代，晋商足迹已"遍天下"。

晋商的发家多数起于寒微。乔家发迹始祖为乔贵发，少时父母双亡。成年后，乔贵发像许多山西人一样，开始走西口到包头打拼。从拉骆驼的苦力开始，后做起草料、豆芽、烧饼等小本生意。随着包头的发展，与同乡共创"广盛公"字号，不仅经营粮食生意，亦设立钱庄、票号，乔家家业由此奠基。到乔致庸这一代，旗下生意仅字号就达100多个，其生意店铺涉及400万平方千米，资产近1亿两白银，乔家的商业在西口路上完成了绝对垄断。

"天行健，君子以自强不息"，固守家门的传统农民，破门而出走西口，等待他们的是无尽的未知，更或是与家人妻儿的生离死别。立业之路漫漫，定要付出代价，唯有拥有自强不息、锐意进取、敢想敢为，才能走出家门、闯出州县、跨过崇山险关，"甘劳瘁，耐风寒"，"跋涉数千里，率以为常"。

财富管理已经迎来乘风破浪的大时代，但转型发展道阻且长，不亚于创业的艰辛。在由传统的卖方经纪思维向买方投顾、资产配置的转型过程中，市场对财富管理机构的专业能力、客户服务水平、数字化运营、人才引进等方面都提出了更高的要求。

机遇从来都是与挑战并存，金融市场中唯一不变的就是变化。不拘一隅、着眼长远、锐意进取、创新突围的精神，是打造新型财富管理团队所必须具备的；不惧失败地摸索，全心全力地投入，更应成为我们每一位财富管理人的座右铭。

相与之情　合而为一

"相与"，即在经营过程中不同商号商帮之间形成的互助互利、共渡难关的紧密关系。晋商于异地经营，看重乡情，同舟共济，热衷组织同乡会和会馆。"讲义气、讲相与、讲帮靠"，晋商依赖乡里之谊彼此团结，形成大大小小的商帮群体。

大盛魁是清代山西人开办的对蒙贸易的最大商号，极盛时有员工六七千人，商队骆驼近两万头，其与钱庄天亨玉便是这种"相与"关系。天亨玉在即将破产的危难之际，大盛魁慷慨解囊，出银数万两，助其改号天亨永，重整旗鼓。

晋商鼎盛时期在全国各地都有设立会馆，以同乡关系为纽带结成商帮，包括著名的泽潞帮、临襄帮、太原帮、汾州帮等。在雄踞国内市场的同时，晋商也积极开拓海外市场，他们东至日本，西抵俄国，形成了特色鲜明的三大经营性商帮——"票帮、驼帮、船帮"。不同商帮互相扶助，共同进退，颇似现代的战略同盟或合作伙伴。

晋商将源于家族间的孝悌和睦发扬于经商活动中，"相与之情深"的群体精神使得晋商胸怀九州。晋商凭借着群体凝聚的力量和协作精神，避免了商业版图扩展过程中因势单力薄带来的困境，降低了在陌生环境下的经营风险，同时进行同行间的管理协调，避免内斗，一致对外，创造了一个个的商业奇迹。

财富管理要想创造大发展，同样无法以一叶扁舟航行大海。金融市场的繁荣、金融工具的多样化和复杂化、居民个人财富的增长与理财意识的提升，都使得未来客户的需求变得多样，单一的经纪业务服务已无法满足客户综合化的诉求。

一方面，对于内部协同而言，践行集团化运作，加深战略协同，进行资源整合、资源共享、总分协作、部门联动，才能真正提高财富管理的综合服务能力。利用不同业务条线的协同效应，深入发掘战略客户的综合价值，方能达到"人有我有，人有我优，人无我有，我有我强"，财富管理之路将越走越宽。

另一方面，更广义的协同来自与优秀资产管理同业的合作。"能用众力，则无敌于天下矣；能用众智，则无畏于圣人矣"，加强银行、信托、保险等机构的跨界交流，学习证券友商的经验，深入与外部优秀资产管理人的合作，形成拥有好资产、好管理人、好产品、好服务的"大联盟"，才能将客户服务做得更好，共同为客户创造多层次的综合价值。

结语

"生意兴隆通四海，财源茂盛达三江。"晋商的辉煌历史距今已有二百年，但晋商精神仍值得我们借鉴和传承。以信义的宗旨对待客户，以进取的精神不断学习，以协同的思维广泛赋能——"信义、进取、协同"，仍然是助力我们在财富管理大时代中突围的利器。

兴·文化 第31期

《传习录》
明 王阳明
知者行之始，
行者知之成，
圣学只一个功夫，
知行不可分作两事。

北宋 赵佶《文会图》

文化如陈酿 财富有高度

◎ 杨仲宁 于澄姣

时至今日，社会的发展和财富的创造在现代文明层出不穷的新要素推动下，正走向前所未有的高度。而中华传统文化中蕴含的朴素智慧，不但未因时间的流逝而蒙尘，反而如陈酿般凸显其魅力，令我们在回味中不断得到新的启示……

时至今日，社会的发展和财富的创造在现代文明层出不穷的新要素推动下，正走向前所未有的高度。而中华传统文化中蕴含的朴素智慧，不但未因时间的流逝而蒙尘，反而如陈酿般凸显其魅力，令我们在回味中不断得到新的启示……

知落于行

"知是行之始"，良好的认知，是成事的起点。然而，若缺乏实践的洗礼，徒有认知也难达成功的彼岸，且往往因缺乏历练而备显脆弱。在《新序·杂事第五》中，记录着"叶公好龙"这个耳熟能详的故事，有知而无行的叶公，其见龙后的反应颇值得玩味。

叶公究竟好不好龙？从"知"的层面来看，叶公想来是真心喜欢的，不然不至于平日里"钩以写龙，凿以写龙，雕文以写龙"。但从"行"的层面来看呢？似乎又未必喜欢，毕竟当天龙"闻而下之，窥头于牖，施尾于堂"的时候，叶公并没有像一个真正的粉丝见到偶像一样狂喜，反而是"弃而还走，失其魂魄，五色无主"。也许，叶公喜欢的只是他脑海中臆想的龙，而非现身于眼前活灵活现的龙。

投资理财的过程中，叶公好龙的现象似乎也并不少见。一些投资者平日里常把"时间是投资的玫瑰"和"回调是投资的朋友"这样的金句挂在嘴边，记在朋友圈。他们谈及核心资产，如数家珍，聊到长期投资，谈笑风生，颇有几分叶公当年快意写龙的神韵。然而，市场一有风吹草动，这些平日里的"价值投资者"却失去了纸上谈兵时的风采，甚至在市场凸显罕见投资机会之时，不但不和自己口中的"玫瑰和朋友"相处，反而慌不择路地一跑了之，其神色形态与叶公见龙时亦别无二致。

"纸上得来终觉浅，绝知此事要躬行。"在财富积累的过程中，理论与知识的学习固然重要，但若不能将理论贯彻于实践，犹如没有罗盘的船只穿行于阴晴不定的大海中，又如何在充满不确定性的市场中达到"千磨万击还坚劲，任尔东西南北风"的定力呢？

以时为锚

"行是始之成"，在行动中贯彻认知，乃成事的必经之路。相较于见龙弃走的叶公，在《列子·汤问》中，另一则广为所知的故事——愚公移山，则向我们展现了贯彻与坚持的重要性。

愚公苦于"山北之塞，出入之迂"，欲移山开路，"达于汉阴"。于是"聚室而谋"，决计定策以为知；同时，"率子孙荷担者三夫，叩石垦壤，箕畚运于渤海之尾"以为行。最终，"帝感其诚，命夸娥氏二子负二山"。至此，知行合一的愚公，最终实现了"冀之南，汉之阴，无陇断"的目标，而结局虽有几分浪漫主义色彩，却也契合了"自助者天助之"的深刻内涵。

而故事中，北山愚公和河曲智叟的一问一答，同样颇有启示。智叟评价愚公道："以残年余力，曾不能毁山之一毛，其如土石何？"以现代的视点看，智叟可谓是一个标准的"理中客"。然而，愚公却答道："子子孙孙无穷匮也，而山不加增，何苦而不平？"显然，在叠加了"时间"这一智叟所忽略的维度后，移山的结论出现了翻天覆地的变化，而两者的"智"和"愚"，从不同的时间维度观察，也有了迥异的答案。

投资理财的过程中，我们的身边也不乏"智叟"的存在。在信息技术蓬勃发展带动资讯爆发式增长的今日，各类APP全天不断推送的最新资讯，带来了前所未有的决策便利，无时无刻地不在诱惑着投资者成为一个"智叟"。然而多如牛毛的信息，有时在投资中却未必是通往成功彼岸的捷径，反而成了模糊真相的迷雾和扰动决策的噪声。"一年五倍者如过江之鲫，五年一倍者寥寥无几"，不正是现代"智叟"和"愚公"们的真实写照吗？而以"慢"所带来的确定性磨平"快"所面对的各种不确定性，不仅是愚公给智叟的答案，更是过去数十年间，大智若愚的投资长跑冠军们交出优异答卷背后的奥秘所在。而这，也是从时间玫瑰到长期主义的投资哲学持续闪光的内在逻辑。

相互成就

"道法自然，天人合一"，走向成功的阶梯不仅与个人的努力密不可分，与对自然规律和历史进程的遵从，同样息息相关。如果说知与行合于人，令人的主观能动性得以发挥到极致；那么天时地利与人和的和谐统一，则是人与自然良性互动，相互成就的至高境界。

春秋时期被誉为"商圣"的范蠡，曾提出"农末俱利"的观点，即通过将价格稳定在合理区间，兼顾上游农业与下游工商业的利益，进而实现经济体系内各参与方的共赢；与范蠡同为越王勾践重要谋士的计然，则提出"贵上极则返贱，贱下极则返贵"的观点，蕴含了对价格受供求变化及尊重周期规律的朴素表达。即便在两千多年后的今天，这些观点依然闪耀着智慧的光芒。

投资理财的过程中也是如此，投资者进行股票交易，天然带有逐利性。然而，"一枝独秀不是春，百花齐放春满园。双桨单舟总争渡，千帆竞发渡江海"。如果投资者过度追逐短期价差而忽略了企业价值创造这一投资的本源，令股票市场不能形成上市公司优胜劣汰的正激励，那么二级市场投资者的盈利从长期来看，也就成了无源之水。同时，长期主义也不仅仅是守株待兔，而是在辨识了大周期、大趋势后的顺势而为。一劳永逸固然是投资者期望达到的理想境界，但识势而知，顺势同行，互利共赢，才是投资的高度，这正是范蠡和计然的智慧给我们带来的启示。

结语

"混沌则暗,觉醒则明",成功的投资,需要投资者坚定正心正念以维持稳定静笃的情绪,并善于从传统文化中汲取营养与智慧以及独立思考的能力;也需要投资者知行合一,顺应环境变迁,与趋势为伍。在这一过程中,财富管理机构亦应苦炼内功,精业笃行,以开放的心态在竞合中成长,以共赢的心态在成长中反哺,进而达到"百花齐放春满园"的境界,方能不负时代赋予的使命与期待。

兴·文化

第 32 期

《论诗五首（其一）》
清 赵翼

满眼生机转化钧，
天工人巧日争新。
预支五百年新意，
到了千年又觉陈。

财富方圆 八闽土楼与

◎ 蔡孟奇

"八山一水一分田"，福建境内峰岭耸峙，丘陵连绵，素有"闽之绝域"之称。自宋元以来，一座座土楼在闽南雾气缭绕的丘陵间拔地而起，由方及圆，由简及繁，虽历经千百年风雨乃至战火洗礼，至今巍然屹立，代代相袭，繁衍生息，在黄墙黑瓦之间，传承着血脉宗亲和财富方圆之道。

"八山一水一分田"，福建境内峰岭耸峙，丘陵连绵，素有"闽之绝域"之称。自宋元以来，一座座土楼在闽南雾气缭绕的丘陵间拔地而起，由方及圆，由简及繁，虽历经千百年风雨乃至战火洗礼，至今巍然屹立，代代相袭，繁衍生息，在黄墙黑瓦之间，传承着血脉宗亲和财富方圆之道。

提及土楼，浮现在脑海里的总是那酷似天外来客的圆形建筑。但当从中原南下的客家人夯下第一垒土时，不同于北方四合院的土楼，其总是方方正正的，但四个尖角的存在常常成为防御的弱点，土楼既需要防御猛兽伤害，更要抵御匪徒袭击，之后新建的土楼棱角逐渐消失，开始出现被称为圆寨的圆形土楼。自古以来，圆形的建筑并不多见，除了受施工难度等客观因素制约之外，"天圆地方"这一古老的宇宙观的影响更是不可忽视。

《周髀算经》有云："方属地，圆属天，天圆地方。"早期，我们把天直观地看作是一个笼罩在地面上的盖子而得名，并提出了"天圆如张盖，地方如棋局"的宇宙结构学说。"天圆地方"是中国古代科学对宇宙的朴素认知，在与阴阳学说的结合中，方与圆又逐渐超脱了几何图形的意义而升华至哲学寓理层面，运用于生活中的方方面面。在建筑哲学中，典型的建筑代表便是北京的四合院与天坛。但天坛毕竟是帝王祭祀皇天、祈五谷丰登的场所，代表"天"的存在，因此得以汇集能工巧匠直接在建筑形式上做文章，以"圆"的面貌呈现出来。而更多普通建筑，尤其是人所居住的，则是"地"的代表，基本遵循"方"的首要原则，因此在外观上多是方形的存在。在土楼建筑的演变中，圆寨的大量出现并不是对"天"的僭越，相反，这是对"天圆地方"这一理念的实用主义解读。

土楼由"方"至"圆"的转变，并不是对祖上的背弃，这恰恰是对宗族传承的重视，这一带有实用主义的转变并非离经叛道，同样也是方圆之说的完美升华。通俗意义上,"方"是绝不可放弃的本质与原则,而"圆"是促使事情圆融的手段。于土楼而言,建筑外观形状的维持只是"方"的表面,其核心在于同一宗族百年延续的庇护。土楼由方到圆,弥补了防御死角,能更好地保护宗族性命。我们需要适时地进行方和圆的转化,我们要有"方"这种要坚持的原则,也要有"圆"这样促成的手段,懂得方圆之道,更要知道何为"方",何为"圆",何时恪守于"方",何时变换为"圆"。

方,耿介方正。圆,圆通应变。对于财富管理而言,微观上,积极投资是为"方",多元配置是为"圆";而宏观上,社会财富的保值与增值是"方",不断发展的资本市场则为我们提供了诸多可供选择的"圆":产品上有股票、基金、衍生品等,策略上有逆向投资、均衡配置、长期投资等,不同资产类别与产品之间并不存在"非黑即白"式绝对的好与坏、强与弱,只是在综合考虑风险和收益的平衡之后所做出不同组合的选择。

凭借海外贸易与爱拼才会赢的闽南精神,明清时期的闽南人和客家人逐渐积累起万贯家财,土楼的建设进入全盛时期。除了方形与圆形,福建土楼还有五凤、椭圆、八卦、半月及多边形等多种类型,外部结构千变万化,内部结构在排布规则和功能设置上则相对统一,遵循着"尊卑有序,兴诗立礼"的原则,宗祠和学堂必不可少。一座土楼就是一个家族的凝聚中心,蕴含着同宗血缘的凝聚力。同宗聚居的土楼里多代同堂,最高长辈具有绝对权威,同楼人聚居共财,在方圆各异的土楼中如何将富于共同协作的家族观念的大家族制度传承下来并不容易。

在排布规则上,以尊卑有序的三堂屋制度最为经典。通常由南往北,朝南靠后为大,朝北靠前为小,按伦理等级分定,依次排列上、中、下中轴三堂厅、中轴厢房和后楼及横屋房间;下堂为出入口,放在最前边;中堂居于中心,是家族聚会、迎宾待客的地方;上堂居于最里边，是供奉祖先牌位的地方。方楼圆寨平面布局中隐藏着三堂屋轴线意识，强调聚族而居所应遵守的尊卑秩序。方楼圆寨均在中轴线中心位置建一高大厅堂，作全楼的中枢和向心点，楼内每环每层每间房屋朝向中枢，体现了家族的向心力和统一性。

土楼内设学堂、题对联诗文，使土楼深具文化性。许多土楼内专设学堂或以祠堂祖堂兼作学堂，供本楼及邻近子弟学习文化。土楼家族还很注意"兴诗立礼"，楼内随处可见的对联无时不在激励后辈学子求上进。在土楼成群的永定，兴学之风极盛，以至一座土楼，往往能培养出几个至几十个成功成名的人才。土楼家族有一习俗，族中有人中了秀才以上科场功名之后，都在祠堂前池塘外沿两边竖石笔一对。石笔，古称"谤木"，即后来的华表，它是功成名就、地位荣耀的象征。一些开基数百年经二三十代的家族，其土楼前的石笔成林。这些石笔与客家土楼交相辉映，不仅组成了绝世人文景观，而且成为客家重教的物证，更是后代学子的楷模。

从现在的眼光来看，土楼与家族财富管理之间似乎有些异曲同工之妙。"坚若磐石，固若金汤。"建造土楼的初衷便在于外来侵袭的抵御，其防御功能如同家族财富管理一般，避免家族血脉和家族资产遭受到外来风险的牵连。"兴诗立礼，尊师尚学。"隋唐之后，科举考试成为阶级上升的主要途径，对于一个家族而言，族内有人能在朝中立足，无疑是延续家族香火的一大关键要素，对教育的重视确保了土楼家族整体文化学识层面的不断"增值"，为后世子弟的金榜题名奠定基础。"尊卑有序，光宗耀祖"，三堂屋的排布向居住在其中的宗亲同族们的心中埋下一把尺，这是一把量尺，丈量着长幼尊卑的间距；这也是一把戒尺，警醒着族人不忘家姓的来源和宗亲的联系，激励着他们光宗耀祖，将家族传承下去。一座土楼，做到了隔离、增值、传承，好似一种实体版的家族财富，将同姓宗族的香火延续下去。

结语

"满眼生机转化钧,天工人巧日争新。"经过漫长而上下求索的过程,南下的客家人终于能在异地开基,与闽南人一道,在丘陵和梯田间建起一座座世界上独一无二的夯土民居建筑。一以贯之的三堂屋排布,将实用主义和传统哲学相结合,灵活运用天圆地方之道,牢牢把握住家族的向心力和统一性。千百年前的风雨与艰辛已不再,宗祠里的香火兴旺至今,土楼的故事会越来越长,在历史的传承中创造着血脉宗亲的不衰财富,总是闪耀着温暖的光芒。

兴·文化

第 33 期

《临江仙·滚滚长江东逝水》

明 杨慎

滚滚长江东逝水，浪花淘尽英雄。是非成败转头空。青山依旧在，几度夕阳红。

白发渔樵江渚上，惯看秋月春风。一壶浊酒喜相逢。古今多少事，都付笑谈中。

品三国英雄 话财富本色

◎ 隋清劭

"滚滚长江东逝水，浪花淘尽英雄。"细心阅读记载着数百年历史的《三国演义》很少会有人不动容。这震撼人心的魄力不仅在于它气势磅礴的战争场景的描写、栩栩如生的人物形象的塑造，千古传颂的经典故事的还原，还在于它启迪人们智慧的博大精深的内涵。沸沸扬扬的三国历史给当今财富管理的客体创造、主体选择与永续传承提供了雄浑的经典本色。

"滚滚长江东逝水，浪花淘尽英雄。"细心阅读记载着数百年历史的《三国演义》很少会有人不动容。这震撼人心的魄力不仅在于它气势磅礴的战争场景的描写、栩栩如生的人物形象的塑造，千古传颂的经典故事的还原，还在于它启迪人们智慧的博大精深的内涵。沸沸扬扬的三国历史给当今财富管理的客体创造、主体选择与永续传承提供了雄浑的经典本色。

财富之客体创造

"往事越千年，魏武挥鞭，东临碣石有遗篇"描述的正是三国时期的曹操，曹操堪称中国历史上最富争议的人物之一，古有苏轼贬曹"平生奸伪，死见真情。无以成败论英雄，故操得在英雄之外"；今有毛泽东赞曹，"千古奸雄属曹公，天下枭强当孟德"。对政治历史人物褒之贬之，爱之恶之，是各个时代评论者的权利。但无论如何，都无法否认曹操是中国历史上最伟大的军事家、政治家以及文学家之一。

就三国人物而言，曹操是真实、本色的——"惟大英雄能本色，是真名士自风流。"包括他的奸、狡、残、暴，都表现得从容不迫、落落大方、真诚而坦然；曹操也是大气的——读他的诗和文，常会感到他的英雄气势，哪怕是信手拈来、嬉笑怒骂、随心所欲的短章，也因有一种大气而不显粗俗；曹操更是智慧的——他善驭权术，懂得审时度势，顺势而为。古人云"君子谋时而动，顺势而为"，创业初期，袁强曹弱，他韬光养晦等待时机，官渡一战奠定北方霸主地位。后有魏王坐拥天时地利人和，称帝条件已有八九，但他深知"名不正则言不顺，言不顺则事不成，事不成则礼乐不兴"，没有逆势而为，至死也未有僭越，足见其大谋略与大智慧。

治理国家须谋虑进取，财富管理亦然。财富作为经济活动的重要维度和人类进取创造的客体，必然伴随着人类社会和现代经济发展波澜壮阔。根据瑞信研究院（Credit Suisse Research Institute）发布的《2019年全球财富报告》，中国家庭的总财富从2000年的3.7万亿美元增长到2019年的63.8万亿美元，是全球增长最快的财富管理市场。预计2020年，中国高净值家庭（可投资金融资产规模在100万美元以上）总数将达到350万户，而财富在1万~10万美元的成年人口占比将达到50%，标志着中国将迈入财富管理的新时代。

"知者顺时而谋，愚者逆理而动"，无论是投资者还是财富管理机构，都应以远见智慧和长期乐观的态度面对曲折坎坷，善于识势驭势，要敏锐把握财富大时代发展趋势，抓住权益市场大气磅礴的历史机遇，积极实现价值投资的绝对收益。

财富之主体选择

刘备字玄德，生于没落的汉朝皇室世家，是西汉景帝之子中山靖王刘胜的后代，前半生颠沛流离，屡战屡败，但其百折不挠，屡败屡战，终大器晚成，于61岁登帝位，其仁政爱民、侠肝义胆、雄才大略的贤明君主的形象被无数的后人所敬仰和传颂。《三国志》曾评价刘备"机权干略不及曹操，但其弘毅宽厚，知人待士，百折不挠，终成帝业"。

"夫霸王之所始也，以人为本。本治则国固，本乱则国危"，以人为本，作为一种社会思潮和治国理念，古已有之。刘备以"仁德"著称天下，他提出"以人为本"的理念，而正是这一理念，铸成了刘备一生受人敬重的政治品格，成就了刘备的一生霸业。《三国演义》第四十一回中刘备在曹兵追赶之下，有人提出要丢盔卸甲，轻装上阵，以保存实力，以利再战。而刘备不忍心丢弃百姓，边哭边说："举大事者必以人为本。今人归我，奈何弃之？"军民无不为之感动，潸然泪下。

财富之道，归根结底是取之于人，用之于人。人是财富的创造者、拥有者和消费者，具有主体价值选择的自由。过去讲财富管理，是画一幅相对固化的财富路线图,投资者按图索骥,以固定收益产品为主线,财富管理空间狭窄。而新时代之下的财富管理,是真正以人为本、以客户为中心,构建客户的财富画像,根据人生不同阶段,打造不同资产组合,满足客户日益变化的个性化需求。当下财富管理转型已是大势所趋,服务的专业化、产品的功能化、供给的多元化将成为财富管理产业的主基调。过去的财富管理大都还停留在过于单一的产品维度,没有走到全生命周期客户维度,也就不可能真正满足客户差异化、综合化的需求。因此只有坚守"以人为本,以客户为中心"的理念,深刻认识客户需求的驱动因素,丰富资产配置策略与高质量的产品严选体系,参与到客户的各个生命周期,贴心陪伴客户成长,长期实现为客户创富、守富,方可成为真正意义上的财富管理。

财富之永续传承

《三国演义》中写道:"十八年正月,曹公攻濡须,权与相拒月余。曹公望权军,叹其齐肃,乃退。权行五六里,回还作鼓吹。公见舟船器仗军伍整肃,谓然叹曰:'生子当如孙仲谋!'"书中的孙坚生了两个儿子——孙策和孙权。孙策为兄,开疆拓土,攻城拔寨,带领三千铁骑打下了江东六郡八十一州。孙权为弟,年少得志,19岁临危受命接替兄长执掌江东,他没有躺在父兄的功劳簿上贪图享乐,而是牢记父兄遗志,守着父兄留下的基业,稳守江东几十年完好无损,在他手里,敌国没有在东吴的地盘上前进半分,为孙氏家族在中国历史中留下了浓重的一笔。

打江山易,守江山难。财富的创造与传承亦如此。改革开放四十多年来,以民营企业家为主体的高净值家族普遍进入由"一代创富者"向"二代继承者"传承的关键阶段。财富传承规划也是爱与责任的载体,周全的规划,重点不仅在于家族财富的传承,还在于家族文化的传承。

很多人疑问,家族文化作为一个精神概念,为何对家族财富的传承如此重要?其实家族精神的重要性,早已在洛克菲勒家族、德国汉高家族等全球巨贾家族传承百年的实践经验中得以证实。提前对年青一代进行符合其兴趣的人生规划,提炼家族精神,在家庭教育中持续进行熏陶,才是为家族传承续命至关重要的养料。

伴随着财富管理转型,家族办公室作为财富管理中更专业、更定制化的服务模式被人们所熟知。近年来,亚太地区包括中国在内的家族办公室目前仍在发展阶段,很多形形色色的家族办公室实际上也仅是物质化财富的托管机构,对于家族企业、家族精神文化传承与家族治理等问题的关注尚少。但可以预见的是,随着我国富裕阶层人数的增加,高净值人士观念的转变,财富管理的重心定会投入到守富、传富以及家族传承的新战场,真正为客户实现财富传承的"永续性"和"世代性"。

结语

"时代的一粒灰,落在个人头上,就是一座山。"对财富管理而言,新趋势带来的新挑战还在继续,我们很多原有的思考方式正在发生巨大的改变。在财富这件事情上,我们始终站在发展的十字路口,如何"取之有道、用之有度"至关重要。《三国演义》这部巨作中潜在的古人智慧,犹如一座宝库,"是非成败"值得人们不断思考,为我们追寻真正意义上的财富提供了深刻的借鉴和无穷的启示。

兴·文化

第 34 期

《论诗五首（其二）》
清 赵翼

李杜诗篇万口传，
至今已觉不新鲜。
江山代有才人出，
各领风骚数百年。

财富四谛与四大名著

◎ 胡月 李佳

一栋红楼曲几支，
万险西游梦无期。
三国鼎成匆过客，
水浒寨边济寒衣。

"江山代有人才出，各领风骚数百年。"通常而言，一个时代有一个时代的文学，也有一个时代最有代表性的作家和作品。先秦是散文的黄金时代，汉代是辞赋的鼎盛阶段，唐宋是诗词的豆蔻年华，元代是戏曲的丰收季节，明清是小说的峥嵘岁月。其中，四大名著就是明清小说中的经典之作。

> 一栋红楼曲几支，
>
> 万险西游梦无期。
>
> 三国鼎成匆过客，
>
> 水浒寨边济寒衣。

"江山代有人才出，各领风骚数百年。"通常而言，一个时代有一个时代的文学，也有一个时代最有代表性的作家和作品。先秦是散文的黄金时代，汉代是辞赋的鼎盛阶段，唐宋是诗词的豆蔻年华，元代是戏曲的丰收季节，明清是小说的峥嵘岁月。其中，四大名著就是明清小说中的经典之作。

《西游记》融合了佛、道、儒的思想，以神魔的角度出发，讲述了一个为了大业而不得不放弃小我的故事；《三国演义》以争夺帝王之业展开，表达了作者期待社会稳定和百姓安居的思想；《水浒传》以农民起义为开端，揭露了封建社会的黑暗；《红楼梦》以两个家族从辉煌到消亡的故事，来批判封建贵族的腐败和封建礼教的腐朽。

虽然主题不一，题材各异，但在神鬼斗法间、在儿女情长间、在运筹帷幄间、在揭竿而起间，同样可以吸取到难能可贵的财富管理真谛。

《三国演义》——财富道谛

"天下大势，合久必分，分久必合。"在卷首，三国演义就开宗明义的道出世间循环往复、各种矛盾演变转化的核心。

"纷纷世事无穷尽，天数茫茫不可逃。"三国的英雄们在历史的洪流中的跌宕起伏，起起落落，身在其中的人不知不觉被卷入纷争中，不论其是智谋超群，还是勇猛过人，抑或是忠义两全，但终究各有天命。"郭嘉遗计定辽东""吕布丧命白门楼""关羽战败走麦城"……一个个荡气回肠、壮士断腕的故事仿佛都在诉说时代大势才是亘古不变的主题。同样，在财富管理中也是如此，投资的盈亏都蕴含在市场的大趋势中，市场是合力的结果，其交易博弈会放大人性。个体的我们，在市场面前是很渺小的，我们是观察者、参与者而不是预言者或者控制者。用"谋事在人，成事在天"的态度对待投资，知命即是知性格、知局限、知市场，敬畏市场，顺从天道，而不能穷兵黩武，逆天而行。

"滚滚长江东逝水，浪花淘尽英雄。是非成败转头空。青山依旧在，几度夕阳红。白发渔樵江渚上，惯看秋月春风。一壶浊酒喜相逢。古今多少事，都付笑谈中。"三国里的这首词也道尽了敬畏市场、洞察趋势，才能得以存活的道理。

《红楼梦》——财富因谛

起于言情，终于言情，但不止于言情。鲁迅在《中国小说的历史的变迁》对《红楼梦》作出高度评价："其要点在敢于如实描写，并无讳饰，和从前的小说叙好人完全是好，坏人完全是坏的，大不相同，所以其中所叙的人物，都是真的人物。"

在《红楼梦》的三十九回中，袭人对平儿问道："这个月的月钱，连老太太、太太屋里还没放，是为什么？"平儿转身悄悄回复："你快别问！横竖再迟两天就放了。这个月的月钱，我们奶奶早已支了，放给人使呢。等别处利钱收了来，凑齐了才放呢。"

通过这一回，可以看出王熙凤是一位经验丰富的理财师。她利用时间差，灵活运用闲置的资金，投资到短期借贷，从而换取一定的收益。从经济学的角度看，资金的生命就在于流动。资金只有在进行商品交换时才产生价值，只有在周转中才产生价值。失去了周转，不但不可能增值，而且还失去了存在的价值。从这一点来看，王熙凤的理财观念值得我们学习。

果不离因，无因不果。在个人的财富管理中，我们应该根据自己的风险偏好、流动性需求等将闲置的资金合理配置到股票、基金等金融理财产品，让财富形成不断流动的正向循环，使个人财富配比处于最佳状态，才能使我们生活品质达到更高的层次，从而拥有一个更幸福的人生。

《西游记》——财富苦谛

唐僧师徒四人一路向西，历经九九八十一难取得真经。取经路上，没有一个人是万能的，在追求个人成功的过程中，离不开团队的合作。一群最优秀的人组成的项目团队不一定是优秀的项目团队，只有充分发挥其成员的特长和积极性的团队才是具有战斗力的团队，也才是最能够保证项目成功的团队。财富管理注定是一场比拼韧性耐力的长跑，需要严格遵循规律与纪律，需要将资金在不同资产类别之间进行分配，通过合理的配置比例，平衡各类资产的波动，有效跑赢通货膨胀、获得收益，让财富均衡上涨。

唐僧：高风险高回报。金蝉子转世的唐僧，犹如投资组合中最高风险且高回报的投资品种。利用唐僧就可以长生不老、取得真经。高收益同时伴随着高风险，所以在取经的路上象征着风险的妖精此起彼伏，有九九八十一难。这时候我们就要有一双明辨是非的火眼金睛来规避风险。

孙悟空：风险识别。孙大圣正是这个组合里的避险品种。上天入地打的过天兵天将，摸爬滚打和乡野牛魔王结拜。经验丰富、手法老道，单拿辨识风险的能力来说，无人能与他匹敌，一双火眼金睛瞬间便能让妖魔鬼怪无处遁形。

猪八戒：投机主义。猪八戒的好吃贪色众所周知。在取经的时候，没事儿动不动还打散伙儿的主意。就像我们在投资过程中一次次的内心悸动，想要更多的收益，想要更舒服的生活。有时候贪婪也不全然是错。只要在有了欲念之后你能坚持住，就能一路顺畅了，比如这时候你就需要沙师弟来指路！

沙僧：坚定的长期持有。沙师弟个性憨厚，忠心耿耿。他不像孙悟空那么叛逆，也不像猪八戒那样好吃懒惰、贪财好色，自他放弃妖怪的身份起，就一心跟着唐僧，正直无私，任劳任怨，谨守佛门戒律，踏踏实实，谨守本分，最终功德圆满，是取经路上最踏实的那个，虽然不一定有什么闪光时刻，但是一路默默地也坚持了下来！这就像我们在投资的过程中，也要有一份执着的精神。下定决心给自己定好的投资策略就要坚持执行下去。

有了坚定的目标，不管去取的是佛经还是致富经，带着自己的资本合理辨别风险、适当接纳风险、并且坚持一定的策略，长此以往定能取得真经！

《水浒传》——财富集谛

梁山好汉一百零八将，其中有文有武，是一笔巨大的财富。财富管理就好比如何有效地聚集这些好汉，并将每个人的特长发挥到极致。及时雨宋江的名号响彻江湖，由此吸引了很多英雄好汉投奔梁山。这好比吸引了千家万户投资的基金，组合投资平衡收益与风险，就像是梁山中的好汉们，各有千秋，组合在一起形成雄厚的实力，又分散了个股投资的风险。

青面兽杨志也曾是名门之后，却因先后失去花石纲、生辰纲后流落到充军发配甚至变卖祖传宝刀的下场。杨志势单力薄，无法翻身，后来随鲁智深上梁山后，成为了马军八镖骑兼八先锋使之一。杨志就好比市场中的个人投资者，势单力薄，非常容易因为风险遭受巨大的损失。与之相比，基金就能够很好的控制风险，稳定收益，为投资者带来相对不错的回报。

武松以景阳冈连喝十五碗酒后醉打猛虎闻名江湖，可令人意想不到的是在孟州城外的破庙中，武松却被几个蟊贼捆了，险些做了人肉馒头。这启示我们，即便是再厉害的投资者也要时刻提升自己的风险防范意识与能力。

结语

什么是名著？名著就是文学长河里沉淀下来的稀世珍宝，每一部名著都是"一个广阔的世界，一个浩瀚的海洋，一个苍莽的宇宙"。毫无疑问，四大名著每一部都代表了一个高峰。它们合在一起，就成了我国古代文学的一座巨大丰碑。在这座丰碑上，不仅镌刻着古人的智慧，而且向我们子孙后代传递着光辉的思想与财富的真谛。

兴·文化

第 35 期

> 昨夜江边春水生，
> 艨艟巨舰一毛轻。
> 向来枉费推移力，
> 此日中流自在行。

宋 朱熹 《活水亭观书有感二首》（其二）

财富悠远 茶韵生香与

◎ 陈蔚薇

开门七件事：柴米油盐酱醋茶；文人七件宝：琴棋书画诗酒茶。茶，既平常又高雅。韵，即韵律，指与形象相关联、比感官更深刻的审美意蕴。茶道讲究"茶韵"，除了追求色、香、味、形等感官享受，更在于涵养人性，荡涤心灵。洞悉茶韵，静思财富管理的内涵及外延，别有洞天。啜一杯茶，在平常中感茶韵生香，于平凡处悟财富悠远。

开门七件事：柴米油盐酱醋茶；文人七件宝：琴棋书画诗酒茶。茶，既平常又高雅。韵，即韵律，指与形象相关联、比感官更深刻的审美意蕴。茶道讲究"茶韵"，除了追求色、香、味、形等感官享受，更在于涵养人性，荡涤心灵。洞悉茶韵，静思财富管理的内涵及外延，别有洞天。啜一杯茶，在平常中感茶韵生香，于平凡处悟财富悠远。

茶韵

始于天地灵卉的自然精妙处

茶属于山茶科，为常绿灌木或小乔木植物，在我国长江流域以南地区广泛栽培。"茶者，南方之嘉木也。一尺，二尺，乃至数十尺；其巴山峡川，有两人合抱者，伐而掇之，其树如爪芦，叶如栀子，花如白蔷薇，实如拼桐，叶如丁香，根如胡桃。"所谓"天育万物，皆有至妙"，茶韵始于茶，天地孕育的南方嘉木无不体现着自然之妙。

"至若茶之为物，擅瓯闽之秀气，钟山川之灵禀。"茶，出自山川，长于山野，纳天地之秀气，钟山川之灵性，是天地万物之精灵。"吴楚山谷间，气清地灵，草木颖挺，多孕茶荈"，蕴有天地灵气的灵卉佳茗，需山川相宜、阴阳相调的自然禀赋。故有上等绿茶见于长江中下游，如西湖龙井、开化龙顶；上乘乌龙见于东南沿海，如大红袍、水仙；上品红茶见于西南，如滇红、普洱。

岁时序，草木生。成就茶之极品亦需采摘时节相济，从朗朗上口的茶谚中便可见一斑。因此有了浙江地区"清明一杆枪（指茶芽形），姑娘采茶忙"的说法。湖南地区则说"清明发芽，谷雨采茶"或"吃好茶，雨前嫩尖采谷芽"；湖北则言"谷雨前，嫌太早，后三天，刚刚好，再过三天变成草"。如此种种，这些茶谚虽然说法各异，但都揭示了顺应天时的自然章法。

作为财富管理沃土的中国资本市场，是与中国经济水乳交融的产物。伴随着中国经济从高速增长向高质量发展的转变，中国资本市场逐渐走向成熟，多层次资本市场的沃土日趋肥厚，境内外双向资本流动越发顺畅。中小板、创业板和科创板的相继设立，推动国家科技创新、产业升级和经济转型；沪、深港通的相继开通以及A股纳入MSCI、富时罗素的外资接轨，中国资本市场正日益生香于国际市场，并带来巨大的发展红利。

"四时有明法而不议，万物有成理而不说"，天地之间，四时轮换，花谢花开，生息繁衍，自然天成。无论经济周期如何遍历衰退、复苏、繁荣与滞胀，投资机会总是层出不穷，债券、股票、大宗商品等大类资产看似混沌，实则有序。正如"好茶"要诀在于山川相宜与时节相济，洞察未来，通晓自然周期与大类轮换，章法有序，便不会陷入"迟采三天变成草"的境地。

茶韵

成于水、器与境的交相辉映间

茶性灵动，茶汤中孕育了大自然的品性。然要想在沫饽变化中品味茶之雅韵，感受色、香、味、形变化所带来的美感，则需好水、茗器与茶境交相辉映。

"精茗蕴香，借水而发；无水不可论茶也。"水为茶之母，非好水无以显茶之神韵，"八分之茶，遇水十分，茶亦十分矣。八分之水，试茶十分，茶只八分耳"便是此理。何为好水？用山水上，江水中，井水下。古往今来，泉水以其清甜的水质，滋润着天下茶人的心田。王安石因此有诗云"灵山不可见，嘉草何由啜"，盛赞试茗泉水甘甜如乳汁，得享茶之雅韵；亦如赵孟頫笔下"梦想寒月泉，携茶就泉煮"，泉味如牛乳，甘甜可口，沁人心脾。

"一器成名只为茗，悦来客满是茶香。"茶器作为品鉴茶汤，感受茶韵的媒介，"器具精洁，茶愈为之生色"。茶壶作为茶具的灵魂，壶的大小、泥料、形制皆关系到茶汤的香气和韵味。于明清声名鹊起的宜兴紫砂壶，作为茶壶之首，造型古朴、色泽典雅、光洁无瑕，用其泡茶，既不夺茶之真香，又无损汤气。"茶里乾坤大，壶中日月长"，茶韵初显，茶味绵延。

"天趣悉备，可谓尽茶之真矣。"品悟茶韵亦需环境、氛围两相宜。历代茶人雅士选择茶境时，往往寄情于松竹梅兰、花鸟风月，正如徐渭于《徐文长秘集》言："品茶宜精舍、宜云林、宜永昼清谈、宜寒宵兀坐、宜松月下、宜花鸟间、宜绿藓苍苔、宜素手汲泉、宜红妆扫雪、宜船头吹火、宜竹里飘烟。"茶人追求的是一份素雅、一份清幽、一份恬淡，正所谓闹中饮酒、静中品茶。

茶滋于水，水藉乎器，韵成于境，缺一则废。财富管理思之亦然，在于投资风格稳定性、投资方法可重复性及投资价值可持续性的统一。稳定性为基，本质在于稳定的高胜率；可重复性为体，尽享复利带来的时间馈赠；可持续性为翼，审时度势，与时俱进，不断精进。投资实践上，在于进退方寸之间、硬实力与软实力的融合。短期上，要理解"昨夜江边春水生，蒙冲巨舰一毛轻"，善借水势，进退有度，攻守兼备；从长期看，要领悟"向来枉费推移力，此日中流自在行"，懂得苦练内功，蓄势积能，甘于寂寞，方得财富水到渠成制胜之道。

茶韵

升腾于茶性与人性的浑然一体中

茶汤色泽清雅，香气纯正，茶境气韵相生，品饮者得以啜取茶之本味。然茶韵远不拘泥于此，茶味虽淡，茶意无穷。茶韵亦在于品味茶的"味外之味"，这与个人修养及人生经历相关，实际上反映的是人性与茶性的珠联璧合。茶既是一种味觉感受，亦是一种精神升腾。汤入口，香入鼻，味入舌，意入心，心悟道，与自然相融，浑然一体。

"祛襟涤滞，致清导和，则非庸人孺子可得而知矣。"茶中所蕴含的智慧，待到饮茶人成熟之际，方能领悟。"吾年向老世味薄，所好未衰惟饮茶。"历尽沧桑的文坛宗师欧阳修从茶中品出了人情如纸、世态炎凉的苦涩味；"蒙顶露芽春味美，湖头月馆夜吟清。"仕途得意的文彦博从茶中品出了春之味；"森然可爱不可慢，骨清肉腻和且正。雪花雨脚何足道，啜过始知真昧永。"襟怀坦荡、豪气满天的苏东坡从茶中品出了君子味。

　　对于财富管理而言，真正的意义或许并不在于一味追求财富的富庶，更在于收获心智的悠久圆满。这是寂寞中懂得坚守，犹如信奉价值投资的笃定；这是迷茫中懂得取舍，犹如明晰收益率、流动性、风险的不可得兼；这是诱惑中懂得自律，犹如交易纪律的恪守于心；这是人性中不断纠偏，犹如克服投资中贪婪、恐惧、从众及自负。"不管风吹浪打，胜似闲庭信步"，即便面对市场颠簸与人生风浪，亦能更加从容不迫。

　　然而，投资智慧、人生格局的形成并非一朝一夕之功，"欲渡黄河冰塞川，将登太行雪满山"，财富管理的道路充满荆棘与困厄。唯有勤于学、善于思、敏于行，不断迭代方法论及行为观，财富硕果与心智圆满方能悠远绵长。

结语

　　"造化钟神秀，阴阳割昏晓。"茶，山川之灵秀，聚日月之精华。因"神农尝百草，日遇七十二毒，得茶而解之"而与人类社会耦合交融中自我升华。天人茶共味，人茶天共性。茶道于水、器与境相映成辉中得茶韵生香，意蕴自在茶人心中。艺术源于生活，投资亦是如此，在自然运行中洞察不断成长的未来，把握时代发展的主脉，顺生而行，日就月将，即习得财富悠远最有效的方法。

兴·文化

第 36 期

海派文化在包容
和而不同是财富

◎ 包时骏　陈蔚薇　蔡孟奇

　　从扬子江口的小渔村，到风云际会的十里洋场，上海以吴越文化为底，融合开埠后的近现代工业文明，在跌宕起伏的历史进程中完成华丽转变，也诞生了"海纳百川，兼容并蓄"的海派文化。"一方水土养一方人"，海派文化包罗万象，在为申城带来勃勃生气的同时，也指引我们在探索财富发展之路上领会容纳多元中和而不同的智慧。

从扬子江口的小渔村，到风云际会的十里洋场，上海以吴越文化为底，融合开埠后的近现代工业文明，在跌宕起伏的历史进程中完成华丽转变，也诞生了"海纳百川，兼容并蓄"的海派文化。"一方水土养一方人"，海派文化包罗万象，在为申城带来勃勃生气的同时，也指引我们在探索财富发展之路上领会容纳多元中和而不同的智慧。

普适包容、雅俗共赏显生气

海派诞生于清末上海地区的绘画流派，作为艺术流派滥觞后，很快漫开至戏曲、文学等艺术领域，而因其天然的浓厚商业属性，与不屑铜臭的传统文人做派相背离，从而引发了"京派"与"海派"之争。"京派"带有历史的厚重，相对而言自恃清高，高居庙堂之上，而"海派"贴近市井，融入江湖之中，更为亲民。简而言之，海派文化的一大特点便是重视契约精神，不论身份高低贵贱，来的便是客，老百姓喜欢什么，他就会迎合老百姓的胃口，就会做什么，老百姓喜欢的不断变化，所以文化会不断地改变。其在精英文化与通俗文化之间呈现开放姿态，融入世俗、贴近商业，普适包容，让艺术文化走出象牙塔得以普及。

在历史的潮流和社会的变革中，人民富裕起来了，随着社会与居民财富的不断积累及市场的主动下沉，财富管理不再只是属于贵族、富豪阶层的专利。普适包容的海派文化，将"下里巴人"纳入了阳春白雪，如今的财富管理，也已不再专属于少数群体，而成为具有普适性的市场需求，摒弃了原有的阶级对立，在需求主体上做到真正的和谐统一，这正是"和而不同"的第一层含义。

正如海派将艺术入商、入世，市场需求反哺艺术发展。纷繁多层次的市场需求也在促进财富管理机构不断进行迭代优化：从经纪服务、产品代销，到投资顾问、一站式理财，再到资产配置、家族财富等业务模式不断涌现，覆盖各年龄段、资产段及不同投资目标的客户群体全生命周期的投资需求。以不断满足大众日益增长的财富需求为锚,持续探索更为关注客户、贴近客户需求的财富管理发展方向,是推动财富管理行业不断演进的生气活力。

多元融合、海纳百川见大气

上海开埠前从属于吴越文化。吴越文化是一种水文化,动态而包容,善于接受新鲜文化因子,打下了广博大气、包容善变的底色。开埠后,西方文化登陆;同时,国内移民四面而来,在吴越文化基础上注入了新的色彩,形成了中西多元融合的海派文化。海派文化多元融合、海纳百川的特质,不仅仅体现在艺术创作领域,也融入社会生活的方方面面。

来到上海,定会流连于其独特的海派建筑风格。从喧嚣繁华的外滩万国建筑群到市井烟火的石库门,西式古典与东方韵味交织,成就了怀旧又摩登、优美又实用的海派风格。

外滩是海派风格的起点,1845年上海确立第一块英租界,新奇的西式建筑登陆上海。从古典到摩登,从小楼到大厦。传统与新潮碰撞,西式与中式交融,浓缩万国精华,成就了"东方巴黎"的美誉。如果说外滩建筑群是反映海派风格的一扇门,那么以石库门为代表的里弄民居就是他的一扇窗。石库门诞生于19世纪,是上海里弄住宅的基础单元。石库门融汇了西方文化与中国传统民居的特点,房屋设计采用具有浓厚江南传统二层楼的三合院或四合院的形式;而在排布上,按照欧洲联排住宅的方式进行总体布局,追求更高的空间利用效率,体现了深厚的文化底蕴和举世闻名的人文景观的独特魅力。

尊重差异、容纳多元,是"和而不同"的第二层含义。海派文化讲求融合,财富管理也是多元融合理念的践行者。一方面,随着市场的持续发展,资本市场日趋完善,资产类别与投资策略不断丰富;市场深化开放，进一步带来了跨市场的投资机会。科学的财富管理必须建立在多资产、多策略、多市场的多元配置基础上。另一方面，多元化市场，对财富管理机构的大气格局和专业性的深度与广度提出了更高的要求；以更为开放包容的心态精选优秀资产管理同业的协同合作、融合互补，也是应对多元化市场挑战的有效方法。

善于扬弃、勇于创新进朝气

海派文化的多元化不是拿来主义，也不是简单的重复和模仿，百川归海，难免泥沙俱下、鱼龙混杂，需要做到扬弃与创新。博采众长、积极创新，这是海派文化得以长存发展的根本原因。

追溯海派文化的源头，是在西方文化渗透的历史时期萌发，在中西文化碰撞中形成，在民族复兴大潮中发展，这中间经历了由被动模仿、吸收，到主动学习、融合的创新过程。当先贤观"中西同有舟，而彼则以轮船；中西同有车，而彼则以火车；中西同有驿递，而彼则以电音；中西同有火器，而彼之枪炮独精"的落后，提出"师其所长，夺其所恃"，从认同、到效仿，再到奋起直追，是大智慧的体现。海派文化在封建主义与资本主义的夹缝中诞生，既不保守、迂腐，也没有全盘西化；其发展演变，固然离不开历史的机遇，但更为重要的是积极地扬弃与创新，这便是"和而不同"的第三层含义：用历史的眼光去比较、用时代的眼光去审视、用民族的眼光去选择，最终走出理想的创新。

草木百年新雨露，革故鼎新拓征途。对于财富管理而言，也并不是一味的东施效颦或故步自封，关键在于因地制宜、取其精华、革故鼎新。财富管理行业在打破刚兑、净值化背景下迎来格局重塑，一方面行业在市场出清中良性发展，另一方面竞争热度不断攀升，外资机构积极抢占市场，各方势力摩拳擦掌。这势必要求财富管理机构在践行财富管理的过程中，不断学习、借鉴国内外成熟的理念和经验，结合所处资本市场环境、经济发展阶段，在具体实践中打磨，去伪存真、推陈出新，走出朝气蓬勃的具有自身核心竞争力的差异化的财富管理之路。

结语

"海纳百川，有容乃大。"海派文化诞生不过百余年，却因其特有的多元包容、趋时求新，历经岁月的沉淀而历久弥新，成为中国地域文化谱系中最具现代生命力的文化形态。融合共生，和而不同。以满足大众不断增长的财富管理需求为方向，以深耕多元市场优化配置为平衡点，以去伪存真谋求核心竞争力差异化道路——"需求导向、多元融合、扬弃创新"，财富管理方能如海派文化般在市场激荡的历史巨轮中生生不息，行稳致远。

兴·文化

第 37 期

明 吕文英《江村风雨图》

《念奴娇·过洞庭》
宋 张孝祥
洞庭青草，近中秋，更无一点风色。玉鉴琼田三万顷，着我扁舟一叶。素月分辉，明河共影，表里俱澄澈。悠然心会，妙处难与君说。

敬三杯酒 听三场雨

◎ 边维刚

有着五千多年历史的汉字文学，似乎更适合"领悟"而不仅是"叙述"。历代诗人笔下雨意蒙蒙，既是对最亲近自我的自然物象的情感寄寓，也是对时空变迁与时代风云的生命体悟。其中有一位历尽沧桑、才华横溢的诗人蒋捷，其《虞美人·听雨》堪称南宋时期最具韵味的诗词之一，三场雨"听"完一生，惊觉"雨雪无常亦有常，一程风景一寸心"的深厚意韵。"三"在古代中国人心中有特殊位置，联想到中国民间酒筵开场三杯酒的习俗，这或许就是"数始于一，终于十，成于三"这一古老的哲学意识潜移默化所寄托的圆满境界吧！

有着五千多年历史的汉字文学，似乎更适合"领悟"而不仅是"叙述"。历代诗人笔下雨意蒙蒙，既是对最亲近自我的自然物象的情感寄寓，也是对时空变迁与时代风云的生命体悟。其中有一位历尽沧桑、才华横溢的诗人蒋捷，其《虞美人·听雨》堪称南宋时期最具韵味的诗词之一，三场雨"听"完一生，惊觉"雨雪无常亦有常，一程风景一寸心"的深厚意蕴。"三"在古代中国人心中有特殊位置，联想到中国民间酒筵开场三杯酒的习俗，这或许就是"数始于一，终于十，成于三"这一古老的哲学意识潜移默化所寄托的圆满境界吧！

少年听雨畅想中，第一杯酒敬父母

"少年听雨歌楼上，红烛昏罗帐。"少年听雨，听的是一种畅想。沿途不枉为少年。蒋捷出生于殷实之家，少年英才，文采飞扬，风流倜傥。坐在阁楼上的他听雨声淅淅沥沥，红烛晃动，微微灯火，照映着少年才俊浪漫的诗情。

"恰同学少年，风华正茂。"少年充满朝气、富有活力，怀揣梦想、天真无邪。在他们眼里，每一缕阳光都是希望，每一阵雨雪都是浪漫，每一本翻开的书都是畅想，静时耕读、动时戏闹、无忌耍乐，凭心感受，少年的雨是不可或缺的斑斓色彩。

"少年侠气，交结五都雄。肝胆洞，毛发耸。立谈中，死生同。一诺千金重。"正义在胸，热爱所以无畏，浪漫所以勇敢，少年听雨是满满的憧憬和对未知的畅想，就像期待飞在空中的风筝一样，一直在心里默想飞得更远。谁不曾想立身立德又立功？人生是践行信仰的过程，则少年是建立信仰的开始，没有信仰就不可能支撑宠辱不惊地度过一生。同样，没有信仰的投资也很难走得长远。少年听雨对于投资而言，犹如发乎"少年心"深藏的热爱和抱负，而这恰是建立自身知识体系、认知能力与思维框架的起点。

"父兮生我，母兮鞠我。抚我畜我，长我育我。"为少年扛着世界的是父母，出羣才学、英锐少年背后无不都凝结着父母的拳拳之心、深笃之情。少年立志、立学与立德缺一不可。少年听雨，当怀赤子之心，思源头之活水，"欲报之德，昊天罔极"，故第一杯酒当敬父母、知感恩。

壮年听雨苍茫中，第二杯酒敬天地

"壮年听雨客舟中，江阔云低、断雁叫西风。"壮年听雨，听的是一种苍茫。浮生匆匆，天地须臾。谁也无法逃脱时代的大山，谁也无法保证永远"安且吉兮"。1276年南宋被攻陷，蒋捷命运不济，只能成为万千逃亡者中的一员。

悲欢离合古难全。流落异乡、骨肉分离的蒋捷，伫立客船，呆呆地任凭雨淋头顶。忽而看见一只迷失方向的大雁，尽力扑闪着翅膀，那悲壮的哀嚎声响彻宽阔的江面。面对处境的极端孤寂和心境的极端萧索，除了踽踽独行，蒋捷别无选择。

"三雨全清六合尘，诗翁喜雨句凌云。"人到壮年，必须扛起肩上的重任，有些路必须独自一人去拼搏，有些苦必须自己一个人去吃。成功没有捷径，唯有风雨兼程。面对世事的"不确定性"与人类追求"确定性"的本性之间的矛盾，唯有心无旁骛、毅足奋进，才能成为自己生命中的英雄。

"雨后复斜阳，关山阵阵苍。"面对云谲波诡的变局和内外部降维打击的各种可能，我们必须苦练内功，拥有足够的抗击力，即使遇到最剧烈的波动和不确定性时，也能依然好好活着，这才是我们真正的核心竞争力。

"朝见树头繁，暮见枝头少。道是天公果惜花，雨洗风吹了。"除了自身勇敢进取，所有的成功都离不开天地时势的滋养与造就。天地对万物一视同仁，没有厚此薄彼，只有因禀赋的不同和后天的功夫，而赋予其各自最适当的使命。壮年听雨，当秉谦恭敬畏，知自强不息，炼坚毅人格。故第二杯酒当敬天地，爱万物。

晚年听雨空明中，第三杯酒敬自我

"而今听雨僧庐下，鬓已星星也。悲欢离合总无情，一任阶前、点滴到天明。"晚年听雨，听的是一种空明。山有雄秀，水有灵秀，人有铁骨。元朝选用南宋文人入朝为官，却遭蒋捷拒绝，宁为渔樵隐士。即使颠沛流离的逃亡苦厄，也没有磨灭这个文人的骨气。

蒋捷受过上天的宠幸，也经历磨难坎坷的挣扎，晚年终于寻得一片清幽的天地，任凭雨点滴嗒，不为凡尘纷扰，不为世俗所伤。他一生爱竹，故后人尊称其为"竹山先生"，冥冥之中注定了山水底色。

"平生塞北江南，归来华发苍颜。"阅遍世间事，经历了征途天从人愿、世事如鱼饮水之"常"，也尝尽了市场风云变幻、世事得失浮沉之"无常"，最后终于豁然开朗：自己才是人生悲喜的关键。投资是取舍的艺术，其最成熟的境界到最后也一定是找到了自己的舒适区。在岁月的屋檐下，做一个不急不缓的栽花人，看淡淡云山，听斜风细雨，戏闲闲溪水，以内心的山水清音，作为灵魂最美的安放之地。

自古英雄多磨难。一程风雨磨炼，一程欢乐从容。人生就是一往无前的单程旅途，从容应对，心若释然，万物解脱。不乱于心，不负余生，但觉"枕上诗书闲处好，门前风景雨来佳"。就像杨绛先生说的，无论人生上到哪一层台阶，阶下都有人在仰望着你，阶上也有人在俯视着你，你抬头是自卑，低头是自得，唯有平视，才能看见真正的自己。人生而为人的根本目的其实并不是高人一等，而是优于过去的自己，同时去帮助需要帮助的人。晚年听雨，身有栖息，心已释然，人亦空明，故第三杯酒当敬自我，为众生。

结语

"素月分辉，名河共影，表里俱澄澈。悠然心会，妙处难与君说。"恩格斯曾经把中国的古典文学喻为"地球上最灿烂的花朵"。从古诗词里体悟万物空明和千古哲思，三场雨写完一生豁达，三杯酒敬奉天地圆满，这是种无法言表的美妙体验。

柏拉图说："我们若凭信仰战斗，就有双重的武装。"走过天真烂漫、意气风发的少年时代，也经历过风雨无阻、砥砺奋进的壮年时代，到最后我们终将明白：时间是一个伟大的艺术师，它会给每个人画出与自己的信仰、性格、行为相称的收益率曲线。每一个坦然的现在，都来自一个努力的过去，并总将走向一个崭新的未来。人生贵得适意尔，投资亦然。

兴·文化

第 38 期

◎ 蔡孟奇

女排之变与路上的财富

"一种精神，两次传承，三代传奇。"

电影《夺冠》的热映带我们重温了中国女排激情燃烧的岁月。自1981年"铁榔头"郎平在大阪体育馆扣下最后一击，打出了一条辉煌之路，在之后的40余年里，女排在变革中创造奇迹，在传承中历久弥新，令人为之感动，为之奋进，同时也让人思考一直在路上的财富撷取之道。

"一种精神,两次传承,三代传奇。"

电影《夺冠》的热映带我们重温了中国女排激情燃烧的岁月。自1981年"铁榔头"郎平在大阪体育馆扣下最后一击,打出了一条辉煌之路,在之后的40余年里,女排在变革中创造奇迹,在传承中历久弥新,令人为之感动,为之奋进,同时也让人思考一直在路上的财富撷取之道。

毋需常胜,亦可长盛

1981年,中国女排以7战全胜姿态,压倒卫冕的主办国日本,获得冠军,成为中国三大球中的首个世界冠军,从此开启五连冠之路;2003年,中国女排以11战全胜的姿态勇夺冠军,一扫17年之痒;2016年,中国女排在先失一局的情况下连扳三局,以3∶1逆转战胜塞尔维亚女排,时隔12年再次获得奥运冠军,也是第三次获得奥运会金牌。

回看中国女排的40年辉煌之路,荧幕上不断回闪着她们的高光时刻,在朦胧的印象中,我们见到的多是女排姑娘们登台领奖的骄傲与泪水,却鲜有人注意到"17年""12年"这其中29年的失落与不甘。人生如海,有起注定有落,常胜不可求,长盛却可为。

"事不凝滞,理贵变通",这就是中国女排40年的长盛之道。从袁伟民、陈忠和再到郎平,3位功勋教练带领着中国女排几经沉浮,在变革中超越自我,在蜕化中走向辉煌。"魔鬼教练"袁伟民凭借"要球不要命"的超高强度训练方式将中国女排带向巅峰,带领队员们第一次登上了女排世界冠军舞台,并且实现了辉煌的五连冠。后来虽然陷入沉寂,但陈忠和、郎平审时度势,并不依赖对袁伟民"魔鬼训练"成功经验的复刻,而是根据时代变化做出调整和变革,一位选择了"相伴式"教学,而另一位则大刀阔斧地进行改革,推行科学训练,带领女排重现辉煌。

"一胜一负,兵家常势",执意追求不败并不符合自然规律。连胜固然令人热血沸腾，但每一场胜利本就是主观能动性和客观条件因素融合的结果，连胜的高亢情绪会让球队背上输不可接受、求胜心切的心理包袱。顺境、浮躁、低谷、迷茫，这是谁都无法抗拒的成长过程。真正强大的长盛队伍恰恰是在遭遇挫折屈膝后依然心怀远方、越挫越勇，吾之所向，一往无前，积蓄最持久的恒常力量。

传承为"核"，变化是"形"

时代在变，对手在变，我们也需要拥抱变化。

陈忠和、郎平所身处的并不是20世纪70年代末改革开放万象初新的时代，所面对的不再是江上由美领衔的日本女排。袁伟民的"魔鬼训练"固然能在短时间内为基础薄弱的中国女排带来首冠和五连冠的辉煌，但由于科学理念和人性化的缺位，那样的训练模式为不少球员带来了职业生涯甚至是身体健康上的隐患和伤害。

时代早已发生巨变，陈忠和、郎平他们当然将初代中国女排的成功经验奉为宝典，但遵循的只是其精神内核，而不是与当下格格不入的训练方法。21世纪的女排姑娘的成长环境与20年前截然不同，排球战术的主流也从"小快灵"向"高举高打"再向"全面型"不断转变，陈忠和、郎平倘若原封不动沿袭当年的训练方法和战术策略，中国女排的再次辉煌恐怕遥遥无期。

"法若有弊，不可不变，但不失其意足矣。"时代的洪流滚滚向前，远方的路道阻且长，一味遵循"古法"无异于刻舟求剑，我们要传承的是"核"而非"形"。没有什么是完全一直不变的，其运用方法要随着时代背景的不同作出相应的调整变化。"我们或许永远不知道要去往哪里，但最好明白我们身在何处"，这是霍华德·马克斯在《投资最重要的事》对于如何正确认识自身的建议。竞技也好，投资也罢，只有知道我们身在何处，知道我们身处的时代与周期，才能以所传承的"核"为基础进行改变，得到适用于当下的"形"，成就更强大的自己，并勇于在挫折和错误中学习。

爱拼会赢，逐梦路上

赛场上，她们不服输，赛场下，她们不言弃。

40年来，女排姑娘们在漳州训练基地挥汗如雨，"爱拼才会赢"的气性与这座城市的精神相得益彰。"下意识怎么来的，训练来的，不是一般的训练，而是千百万次，上亿次，不断重复的训练，只有坚持下来的人才能走到最后"，这是《夺冠》中对于女排艰苦训练的真实写照。"中国女排，流血不流泪，掉皮不掉队"，漳州训练基地墙上布满了一个又一个的球印，这些也是女排姑娘们逐梦路上前行的印记。

球员在变，教练在变，打法在变，但中国女排的魅力经久不衰，一直不变，究其根本，是她们在逐梦路上的拼搏精神吸引着我们。试想，当你看到"中国女排"这四个字时，内心想到的应该是"这场不一定会赢，但她们一定拼尽全力"这样的话语吧？我们相信，无论路途有多么艰难，她们都会咬牙坚持，奋力拼搏，因为女排精神传承至今，因为她们心怀梦想，也许这次不一定赢，但她们一定不会气馁，也许现在身处低谷，但不远的将来她们会再一次创造辉煌。

一路荆棘密布、险象环生并不可怕，怕的是因为一时的挫折就踟蹰不前，因为一时的阻碍便锋芒挫缩，因为一时的迷茫而失去方向。我们要以"爱拼"修炼自我，以"会赢"追逐梦想，但并非只有最终到达终点才能赋予这段旅途成功的意义。不要将自己的视野局限在遥远的终点，而是能够放宽心境，重视一路上的所见所得，坦然面对暂时的坎坷，将其视作经验的积累，才能更好地逐梦前行。

结语

"大鹏一日同风起,扶摇直上九万里。"从1981年的大阪,到2004年的雅典,再到2016年的里约,在起起落落中,中国女排不断推陈出新,一直在变,却又一直不变。人在途中,心有远方,财富一直在路上,你的拼搏进取,不仅可以转化为成就和财富,而且可以锻炼强大的内心和积累足够的自信。前进道路上充满艰难险阻,难以想象的惊涛骇浪也时有出现,而女排精神一直陪伴在我们左右,也将激励着我们在财富征途上勇于在时代的最前沿冲浪,并具有一次次被浪打倒后站起来的毅力和实力。

兴·文化

第 39 期

《春日京中有怀》
唐 杜审言

今年游寓独游秦，
愁思看春不当春。
上林苑里花徒发，
细柳营前叶漫新。
公子南桥应尽兴，
将军西第几留宾。
寄语洛城风日道，
明年春色倍还人。

青草钻幼芽 大雪满弓刀

◎ 梁 甜

中国古代边塞诗从汉魏六朝起到唐朝进入黄金时期，具有独特的文学价值和历史意义，留给后人"将军金甲夜不脱，半夜行军戈相拨"的刀光剑影，"黄沙百战穿金甲，不破楼兰终不还"的志效家国，也有"醉卧沙场君莫笑，古来征战几人回"的英雄愁肠。其中卢纶《塞下曲》其三，短短20字，却饱含丰富的画面信息，令人如亲临雄浑肃穆的边塞景象、感受到英勇豪迈的将士气势与金戈铁马的战争场面，激发出无穷无尽的想象，岁寒时品之更觉意蕴悠长。

中国古代边塞诗从汉魏六朝起到唐朝进入黄金时期，具有独特的文学价值和历史意义，留给后人"将军金甲夜不脱，半夜行军戈相拨"的刀光剑影，"黄沙百战穿金甲，不破楼兰终不还"的志效家国，也有"醉卧沙场君莫笑，古来征战几人回"的英雄愁肠。其中卢纶《塞下曲》其三，短短20字，却饱含丰富的画面信息，令人如亲临雄浑肃穆的边塞景象、感受到英勇豪迈的将士气势与金戈铁马的战争场面，激发出无穷无尽的想象，岁寒时品之更觉意蕴悠长。

塞下曲

卢纶·唐

月黑雁飞高，单于夜遁逃。
欲将轻骑逐，大雪满弓刀。

无景之景

《塞下曲》全诗由写景开始。"月黑雁飞高"，是难于刻画的沉寂景象。雪夜月黑，敌人伺机而动，威胁无处不在。本来风高、月黑与雁飞并非肉眼所能见，但反常的宿雁惊飞，却成为在月黑茫无所见时刻最好的惊觉，透露出敌人正在行动。寥寥五字，描绘了"言人之不能言"的战前紧张气氛。

次句一发即惊采。"单于夜遁逃"，是令人为之振奋的情势。敌人夜间行动，并非率兵来袭，而是借夜色仓惶逃遁，景、画、声结合，更衬托出敌军连夜逃跑的匆忙与狼狈。诗人语气肯定坚决，一股我军必胜的豪迈之气扑面而来，令读者为之振奋。敌酋遁去，我军纵兵追擒，这是最自然的演绎。

卡尔·荣格曾说："我们的外部境遇是内心世界的向外投射。"由将士征战联想到财富管理，市场总是云谲波诡，月黑寒冷的考验循环往复，但透过表象看本质，需要我们时刻保持警惕敏锐之心，秉承钢铁意志，坚定潜意识中努力向上的生机和力量。"人间著脚尽危机"，但"智者虑事，虽处利地，必思所以害；虽处害地，必思所以利"。危中寻机，困中破局，心中有光，自当踔厉奋发。

无境之境

三句欲乘势追击。"欲将轻骑逐"，表现了将士威武的气概。"轻骑"不仅因为快，也显示了一种必胜的信念。我军追兵虽然将发而未发，但他们就像一支支即将离弦的利箭。一逃一追把紧张的气氛悉数渲染出来。诗句虽然没有直接写激烈的战斗场面，但留出了广阔的想象空间，营造了诗歌风格雄劲的氛围。

尾句又发乎惊采。"大雪满弓刀"，将全诗意境推向了高潮。茫茫夜色与严寒雪地突出表达了战斗的艰巨性和将士们奋勇的精神，雪花可以在顷刻间落满正在集结的轻骑兵全身，但遮掩不了的是他们武器的寒光。这确是一幅非常动人的画面：在静谧中蕴藏着呐喊，在昏暗中酝酿着闪电。虽然是在漆黑的夜间，勇士们被白雪勾画出的英姿仍然是焕尔触目。全诗至此戛然而止，诗人不写军队如何出击，也不告诉读者追上敌人没有，言有尽而意无穷，任凭读者无限的联想，而这也是全诗最有吸引力的意趣和魅力。

卢纶为唐朝大历十大才子之一，其军旅边塞诗雄浑慷慨、极有生气。这首诗也不难见诗人善于捕捉形象、时机之才气。典型意义的形象和最富有艺术效果的时刻相得益彰，表现得淋漓尽致。"欲将轻骑逐，大雪满弓刀"，这并不是战斗的结局，而是迫近高潮的开始。又到一年岁末时，十二月是投资者相对较为敏感和重视的月份，有人甚至通过滚动样本检验的方法证明我国股市存在"负十二月效应"的现象。那么，风雪漫漫的十二月，带给我们的究竟是高山还是寒流呢？

无机之机

俄国诗人伽姆扎托夫的一首诗《你的生日》，仿佛令这个十二月不再寒冷。"静能制动，沈能制浮。宽能制褊，缓能制急。"相信只要踏着人生的正道，心怀热爱和希望，即便大雪纷飞，生活依旧可以无限温暖。

你的生日

作者：伽姆扎托夫[俄]

十二月的长空飘扬着飞雪，
把寒潮撒向每个角落，
来自海洋和来自山野的风，
在我们窗前顶撞前额。
这十二月的日子诞生了你，
自然界真叫人难以琢磨：
我可是从来就没有想过——
花朵的一生始于这个季节。
冬天是青草钻芽的季节。
冬天是雏鹰试飞的季节。

可见，十二月，既是飞雪飘扬的岁寒之际，也是新故交接蕴含新机的重要时刻。种子，在破土发芽前，必须经历孤寂静穆的神圣仪式，这是另一种启蒙，是不一样的财富。

"人人自有定盘针，万化根源总在心。"对于投资来说，很多人学习的误区在于试图寻找捷径，而其实学习的本质是沉淀认知与智慧。善建者不拔，善抱者不脱。股市的循环往复并非是正确与错误之间左右不定，而是一种理智与非理智之间的徘徊。只有撇开对外物的过度追求，才能达到灵魂的所在。

结语

此心看得"欲将轻骑逐,大雪满弓刀",天下自无颓靡之人性,方可像远行者一样持续突破边界;此心常怀"冬天是青草钻芽的季节,冬天是雏鹰试飞的季节",天下自无缺陷之世界,方可像攀登者一样不断冲击巅峰。

"寄语洛城风日道,明年春色倍还人。"愿十二月一片一片的雪花,犹如携带着能量的种子,飘散在世界的每一个角落,在每一个人心中化为一颗幸福树、一座须弥山。

兴·文化 第40期

唐朝仕女画与投资中的别样芳华

◎ 钟 源

《和贾舍人早朝大明宫之作》
唐 王维

绛帻鸡人报晓筹，
尚衣方进翠云裘。
九天阊阖开宫殿，
万国衣冠拜冕旒。
日色才临仙掌动，
香烟欲傍衮龙浮。
朝罢须裁五色诏，
佩声归到凤池头。

"九天阊阖开宫殿，万国衣冠拜冕旒。"余秋雨说："唐代是中国文化的最高荣誉所在，也是中国文化取得世界身份的最高一级台阶。"两千多年前开创的古老文明在经历了四百年的磨难后，开始注入鲜卑等民族的新鲜血液，"汉人胡化"的现象盛极一时，农业民族的沉稳和游牧民族的奔放耦合为更强势和鲜活的品质，从而开启了泱泱大国繁荣昌盛之景象。广开言路，以民为本，唯才是用，开放包容，构成了大唐盛世。其盛世的雍容华贵为此时的画家们所捕获，一改六朝至隋朝的"秀骨清象"之风格，这一画风的改变也反映了当时人们崇尚的精神价值和世界性的生活方式。

"九天阊阖开宫殿，万国衣冠拜冕旒。"余秋雨说："唐代是中国文化的最高荣誉所在，也是中国文化取得世界身份的最高一级台阶。"两千多年前开创的古老文明在经历了四百年的磨难后，开始注入鲜卑等民族的新鲜血液，"汉人胡化"的现象盛极一时，农业民族的沉稳和游牧民族的奔放耦合为更强势和鲜活的品质，从而开启了泱泱大国繁荣昌盛之景象。广开言路，以民为本，唯才是用，开放包容，构成了大唐盛世。其盛世的雍容华贵为此时的画家们所捕获，一改六朝至隋朝的"秀骨清象"之风格，这一画风的改变也反映了当时人们崇尚的精神价值和世界性的生活方式。

历史晓理　巨轮向前

"春云卷霈，清江行舟，奇花灼灼，以覆芳州。"唐朝仕女画的经典繁荣非一朝一夕形成，从魏晋南北朝到唐代，一代代画家在吸收时代精髓的同时也在推动着艺术的巨轮滚滚向前。

"张得其肉，陆得其骨，顾得其神"，六朝三杰张僧繇、陆探微、顾恺之画法各有千秋。南朝宋陆探微是中国最早的画圣，也是正式以书法入画的创始人，其用笔如锥刀入木般刚劲有力度；东晋顾恺之时人称之为三绝：画绝、文绝和痴绝，以形传神，笔下洛神仙姿飘飘，秀骨清像；南朝梁张僧繇融合天竺等外来艺术，将凹凸晕染法运用在中国画中而呈现立体感，画山水不以笔墨勾勒，史称"没骨山水"，自成一家。

而后，曹仲达、吴道子的"曹衣出水，吴带当风"，所谓"曹之笔，其体稠迭，而衣服紧窄，吴之笔，其势环转而衣服飘举"，更为唐朝仕女画的繁荣积累了养分、奠定了基础。

华彩风韵　青春勃发

"满耳笙歌满眼花，满楼珠翠胜吴娃。"在鼎盛的大唐时代，每个百姓的脸上都洋溢着自信、豪迈、开放和热情，这是一个伟大富足的时代特有的沸腾状态，每个角落都充满着意气风发、积极进取和气势磅礴的精神，时代为艺术注入了豪迈的灵魂，艺术又为时代披上了辉煌的外衣。

在此背景下，唐朝仕女画走上艺术舞台，日渐颠覆固有的审美框架。从初唐阎立本仍留魏晋"瘦古清风"的《步辇图》，一步步发展到盛唐张萱的《捣练图》、周昉的《簪花仕女图》等，随着社会审美风尚及绘画技法的日趋成熟，唐朝仕女画以其独有的华彩风韵向世人展示着大唐盛世雍容华贵、端庄典雅和青春勃发的气息。

"陌上柔桑破嫩芽，东邻蚕种已生些。"提到唐朝仕女画，不得不提两位杰出代表，张萱与周昉。张萱所作的《虢国夫人游春图》（原作已失，现存宋代摹本），取材于现实生活，所画虢国夫人（唐玄宗宠妃杨玉环的三姊）在宫女的簇拥下游春的场面，图中八九人错落有致，前舒后紧，充满韵律。画中人物丰润的脸庞上不施脂粉，淡描娥眉，高髻低垂，体态丰腴，悠然自若，"态浓意远淑且真，肌理细腻骨肉均"。整个画面通过精劲的线描和色调的敷设，浓艳而不失其秀雅，精工而不失机巧，气脉相连，亦匠心独具。画面中未表现花红柳绿的春天之景，但通过衣着和表情传递着青春气息。

柔软细腻　　别样芳华

"长安一片月，万户捣衣声。"张萱的《捣练图》中，女子身着盛唐特色的袒胸衫裙装，衣饰色彩柔和，以精细的笔触勾画出衣裙上的织印花纹。画中人物动作自然，细节刻画生动，惟妙惟肖。而画家笔下的女性脸庞圆润而饱满，体态丰腴而健硕，尽显大唐女性华贵之风。《捣练图》整个场面自然协调，通过三组场面十二个人物形象，对捣练的全过程做了细致的描绘，虽然捣练是一种费力劳动，但整个画面流动着热情欢愉的气氛，带给观者一种和谐协作、积极向上的别样芳华。

"云想衣裳花想容，春风拂槛露华浓。"《簪花仕女图》为周昉所作，作品所描绘的乃是春意盎然的宫苑深处，贵族妇女的雍容华贵、闲适恬淡尽显纸上，骄奢雅逸的气息与女性柔软温腻的姿态相结合，赋予了作品鲜明的时代感。作者有意采用并序排列，中间利用白鹤穿插，人物之间各自独立又整体统一，一段段看去仿佛每位形象从眼前一幕幕移动。画面整体色彩明亮，松快而不失严谨，大气而不乏细腻。

"忆昔开元全盛日，小邑犹藏万家室。"在唐朝极盛的背景下，因政治的开明、对外开放的力度增大、轻徭役薄赋税，百姓安居乐业。动荡的六朝至隋四百年，为大唐盛世文化艺术的融合完成了铺垫，唐朝仕女画的发展使得人物画从释道神佛画像转向了宫廷贵族与普通百姓，同时，也将社会审美与绘画技法相结合，线条多样、设色富丽，处处彰显富庶与美好。

结语

艺术为浮生之韵，艺术乃普世之寓。艺术让唐代的屹立状态更显得典雅高贵。唐代仕女青春勃发的艺术形象不仅反映了中国绘画史中的女性空间，也展露了女性特有的细腻与柔美、敏感及与时俱进，其整体丰富的美学风姿自然让盛唐别具经纬。

值得高度关注的是，在群雄角逐的投资世界中，也隐藏着女性特征的别样芳华。巴菲特有一句名言："女性天生是很好的投资者。"在《巴菲特像女人：颠覆常识的性情投资心理学》一书中，作者也指出巴菲特之所以在投资界无往不胜，最重要的原因就是他具备女性投资性情。数据显示，约60%的女性担当着家庭理财的决策者。在过去十年间，女性投资者的业绩优于男性投资者。美国的金融学家发现女性的年投资回报率要比男性平均高约一个百分点。或许，女性天然有三个特征利于投资：一是女性通常能更敏锐地感知风险，相对更为理性与稳健；二是女性更具柔软无私的母性和社会导向性，不容易因过度自信而膨胀；三是女性承压能力更强，在投资行业，相较于男性，女性通常更把长期回报率摆在第一位。

《道德经》云："弱之胜强，柔之胜刚。"柏拉图曾说："人原本都是一体两性，直到上帝将他们分成两半。"综合来看，巴菲特所说的像女性一样投资，其实并不是为了强调投资中的性别差异，更多的是希望在金融投资这样的高风险行业里，投资者在"大漠狼烟，飞将立马"的激流中，能够更多地培养、发挥自身生来所具备的"女性"之柔软、耐性和审慎的力量，避免出现超过承受范围的较大投资损失，从而确保长线回报。这或许正是守柔居弱的人生大智慧吧。

兴·文化 第41期

《道德经》

春秋 老子

为学日益，为道日损。损之又损，以至于无为。无为而无不为。取天下常以无事，及其有事，不足以取天下。

明 李士达《元日新年图》

维度里听时间说 2021年，在另一个

◎ 边维刚

"做时间的朋友"不仅是2020年投资圈的热门语，而且的确让很多朋友获得了丰厚的回报。时间的所为从始至终，并不会因日历跳动到2021年就会断点突变。时间可以让你成长，也可以让你消蚀。犹如老子《道德经》所言："为学日益，为道日损。"意思是做学问要靠时间一点一滴累积而拿得起，但求真理则应随时间逐渐减少自己的主观意识而放得下。因此，做时间的朋友，其实包括"拿得起"与"放得下"两种智慧、两种勇气和两种能力。当很多人在新年伊始非常关心"2021年收益率"这个话题时，我们不妨静下心来，从另一个维度来听听时间怎么说。

"做时间的朋友"不仅是2020年投资圈的热门语，而且的确让很多朋友获得了丰厚的回报。时间的所为从始至终，并不会因日历跳动到2021年就会断点突变。时间可以让你成长，也可以让你消蚀。犹如老子《道德经》所言："为学日益，为道日损。"意思是做学问要靠时间一点一滴累积而拿得起，但求真理则应随时间逐渐减少自己的主观意识而放得下。因此，做时间的朋友，其实包括"拿得起"与"放得下"两种智慧、两种勇气和两种能力。当很多人在新年伊始非常关心"2021年收益率"这个话题时，我们不妨静下心来，从另一个维度来听听时间怎么说。

随时间而来的真理

　　阅读本是寻常事，但若幸遇一首岁月流金的诗，自然会产生一种"高山流水会知音"的美妙感觉。获得诺贝尔奖的叶芝是20世纪最伟大的英语诗人之一，其诗作浪漫而凝练、悠渺而澄澈，感动了全世界无数的读者。《随时间而来的真理》是叶芝晚年的一首名诗，可见诗人对生命随时间流动意义的洞察是如此深刻和坦率。

随时间而来的真理
The Coming of Wisdom With Time
虽然枝条很多，根却只有一条；
Though leaves are many, the root is one
穿过我青春的所有说谎的日子，
Through all the lying days of my youth
我在阳光下抖掉我的枝叶和花朵；
I swayed my leaves and flowers in the sun;
现在我可以枯萎而进入真理。
Now I may wither into the truth.

叶芝留给自己的墓志铭是："冷眼，看生，看死，骑士，向前！"（cast a cold eye; on life, on death, horseman; pass by!）颇有壮士悲歌之意。叶芝的诗受唯美主义、神秘主义和象征主义的影响，散发出爱尔兰文艺复兴时期独特的浪漫风格。

生命是这样一个过程，当你年轻气盛时，春日里繁花满树的表象，往往让你以为这是生命和时光本来的样子；而随着时间的流逝，你将看到繁华落尽后的枝干，遒劲坚实，那才是生命的根本。青春里的虚幻执念，终将被时间穿透，而真理依然在那一方。叶芝的诗，是忽然而来的密匙，生命之心锁因此而打开。

"君子务本，本立而道生。"枝繁叶茂随四季交替，唯有扎根才是持恒。资本市场诱惑很多，而财富始终与随时间而来的真理同在。只要掌握真理，就能获得财富；而要掌握真理，就必须贯注时间的持恒。我们既要从时间中积累知识、凝聚智慧、吸取营养，更要在时间中研究沧桑、衰落及悲悯的情绪。贯注持恒与悲悯之心是财富管理应有的操守，唯有坚持以客户的微笑永不消失为己任才能成为长期的翘楚。

2021年，要穿透可能遮挡阳光的繁叶，在"向下扎根，巩固枝干"上狠下功夫，既要始终善于从历史的大逻辑中洞悉创造长期价值的趋势，又要始终警惕和规避局部领域与某些赛道过于拥挤导致的潜在结构性隐患，将获得财富的眼光放在耕耘"长期复合回报率"的远见卓识和行稳策略上，真正用时间来甄选与验证风格稳定、稳健靠谱的长跑健将及其毕生的匠心之作。

时间在律动中成就

时间告诉我们，一切都在继续，没有真正的结束。"我们都是能量与物质流动的一部分，不断以新的形式再生。"在湖对岸的时间这个朋友，究竟会怎样将玫瑰的乐园馈赠此岸的我们？往昔与记忆交叠、历史与未来融汇，唯有在时间律动之中，才能理解时间日益日损成就的方向。

时间既古老悠久而又年轻新锐，时间意味着无限可能。卢克莱修说："时间本身并不作为时间存在，是事物，以及它们的流动，使过去、现在和未来变得切实可感。"加拉斯说："唯一可能存在的现在，就是我内心所想。"因此，时间这个朋友听从你内心的声音，时间知道你想要成为什么样的人，无论何处，给你广阔无垠的空间，曙光不断出现，无处不在，无所不能。

时间从不愚昧迷信而是睿智自信，时间意味着洞穿世界。时间不是对未来变化的预知，而是对世事运行规律的洞见，让你看清万物缘起缘灭，察人、察事、察物、察己中明心见性。"行有不得，反求诸己。"只要努力达至因缘俱足，未来自成其美。

时间从不消极厌世而是积极进取，时间意味着智享未来。时间的律动是一种神秘而无比强大的力场，强大到足以将现实从无常的境界转入常道，时间让我们有理由相信自己、有智慧拥享未来。"圣人内求，世人外求。"时间在律动中，就是要把深藏在每一个人内心最持久恒常的力量，磨砺出来成就万法。

稻盛和夫说："如果用20年、30年或更长的时间来看的话，大多数人的一生就是他们自己曾经在意念中描绘过的。"时间的律动总能把心灵的笼子打开，让平凡的人生跟随毅力与信念迈入一个广阔无垠的空间，从静态走向动态，从回顾走向前瞻，最终在循环往复、无始无终的周期中获得新生和自由的最高境界。

<h3 style="text-align:center;color:red">不激不厉，而风规自远</h3>

时间让无数个"当下"连接在一起，构成了真实鲜活的一生。生命在无数冲动中开始新生，然而，时间终究会让每个人心平气和，洗去

许多轻浮，眉间自然舒展，视界自然延伸，张弛有度、收放自如终将可期。

"噢，欢乐的爱，一半是天使，一半是鸟儿……"，英国诗人勃朗宁的隐喻永无止境。生命中的每一瞬间都是向时间借来的片羽，胸襟中的每一缕柔情都是时间所流泻的光。广袤无边的未来可能是光明，也可能是黑暗，结果就在于你的一念之间。因此，必须先相信自己，然后时间才会相信你。

经历了漫长的旅程，有时甚至觉得迷失了自己。但是，只要时间在律动，我们从未真正遗失自己。只要迎难而上，眼有光芒，不骄不躁，而风规自远。顾城诗中说："你不愿意种花？你说：我不愿意看见它一点点凋落。是的，为了避免结束，你避免了一切开始。"《李嘉诚自传》有言："如果你只是站着不动，自然不会伤到脚趾，你走得越快，伤到脚趾的可能性越大，但是同样，你能达到某个机会的可能性越大。"

巍巍青山在，细水长河流。资本市场是个修炼人性的道场，估值、K线图和净值曲线在随着时间的河流不断跳动的背后，充斥着的一个又一个的真实故事，或高亢振奋或低沉悲凉，从中可以看清无常的本性、顽固的"自我"，以及长久胜出之曲折性。"夷险贵如一"，财富管理须始终冷静自律地耐心守护客户，坚定地驾驭住安全边际，同时管理好客户的预期，并以严明的纪律将侥幸心态在投资中永久性减记，方能长盛。

结语

时间无休止地律动，或生长或消蚀，过程就像一个苦行僧，但时间的曲线就是自我的镜子，拥有扎实枝干和坚韧灵魂的人，更容易立足于风云变幻的世界，更可能收获真实的温情、厚重的财富与幸福的人生。

未来总是熠熠生辉，仿佛正张开双臂迎接我们的到来。顺着时间尽管逐浪前行，不必遗憾某一程风景的错过，也不必纠结某一时刻的失落。拿得起，放得下。时间这个朋友会做出最好的安排，让你相信的事情发展成相信的样子，并让远方最美的风景与你邂逅。

各按其时成为美好，生生不息是为永远。资本市场是个复杂而非稳态的混沌系统，时间才是投资的内核，所有业绩的玫瑰，都在时间的经纬上标好了价格。而长期复利效应既是大树的枝干，也是一束永远照亮财富人生的光。财富路漫漫，君志所向，君道不孤，不骄不躁，而风规自远。

兴·文化

第 42 期

> 折花逢驿使，寄与陇头人。江南无所有，聊赠一枝春。
>
> ——北魏 陆凯《赠范晔诗》

财富箴言投资旅程与

◎ 郑可栋

  对2020年，不同的人自然有不同的评价，所谓大千世界，仁者见仁，智者见智。但如果单单讨论投资理财，分歧则会小上许多。

  这一年，报价类的银行理财产品越来越少；这一年，行业偏股型权益类基金的平均收益率超过了40%；这一年，公募基金新发规模超过了人民币3万亿元；这一年，越来越多的人开始试着购买公募基金及各种权益类产品；这一年，也有越来越多的人开始感受到权益类资产的魅力。

对2020年，不同的人自然有不同的评价，所谓大千世界，仁者见仁，智者见智。但如果单单讨论投资理财，分歧则会小上许多。

这一年，报价类的银行理财产品越来越少；这一年，行业偏股型权益类基金的平均收益率超过了40%；这一年，公募基金新发规模超过了人民币3万亿元；这一年，越来越多的人开始试着购买公募基金及各种权益类产品；这一年，也有越来越多的人开始感受到权益类资产的魅力。

战国·宋玉《风赋》云："夫风生于地，起于青萍之末。"延续了近10年的理财习惯，就这样不经意间发生了改变。很多老朋友开始尝试新的投资品种，同时也有更多新朋友开启了属于自己的投资旅程。

不过权益投资犹如大海航行，有时风平浪静、景色迷人，但有时也波涛汹涌、危机四伏。这就是市场的魅力所在，每个投资者或早或晚都会遇见。

福牛迎祥瑞，丰年禾黍香。这是朋友之间互赠祝福的时间。"江南无所有，聊赠一枝春"，附上三句财富箴言，衷心祝愿各位新老朋友2021年投资顺利。

把市场当镜子

古人云："以铜为鉴，可正衣冠；以古为鉴，可知兴替；以人为鉴，可明得失。"

我们需要通过不同的镜子来认识这个世界，投资也是一样。好的投资应以市场为鉴，明风格之兴替，品情绪之冷暖。当然，照镜子也讲究方式方法，核心在于"二要、二不要"。

一是要有看市场的习惯。四季有更替，投资有周期。权益投资不比传统银行理财，变化是永恒的主题。我们不用也无法知道明天市场会不会涨，但我们可以知道当下市场的风格以及估值位置的高低，不同风格与估值位置的组合代表着投资不同的季节。春生、夏长、秋收、冬藏，只有在合适的时间做合适的事，才可能收获满满。

二是要看对的市场。市场是一个复杂且多变的综合体，我们要看市场，但在同时也得找到适合的镜子。上证指数是大部分投资者最容易关注的，但这面镜子的代表性近年来正在迅速下降。当大部分新手投资者还在反复讨论3300点是否适合投资时，沪深300与中证800等更综合的指数早已拾级而上。所以镜子的代表性很重要，否则下的判断可能就不够精准。

三是不要常看市场。我们在观察市场的同时，也应留意不要被市场的情绪所影响。对于大部分投资者，市场需要观察，但并不需要过于频繁的观察。对于购买了产品的投资者而言就更是如此，因为购买产品本身就意味着相信专业的管理人能够在长期中创造正向的价值。时时看、刻刻看反而更容易引发焦虑。事实上，即便是专业的投资者也并不会特别频繁地观察市场。

四是不要只看市场。"纸上得来终觉浅，绝知此事要躬行。"归根到底，投资是一门实践的艺术。我们需要看市场，但不能只看不投。看的再多，听的再多，不如自己动手去实践。每个人对于风险的敏感度是不同的，只有先进入这个市场，才可能获得更真切的感受。清朝名臣曾国藩也曾多次说："天下事，在局外呐喊议论，总是无益，必须躬身入局，挺膺负责，方有成事之可冀。"

拜纪律做老师

古语曰："慎始敬终，行稳致远。道虽近、不行不至，事虽小、不为不成。"

我们常把投资比作马拉松，想要跑完全程，除了需要持续不断地练习，还要有严谨的态度和优良的习惯。投资讲究的是积累复利，一旦出现重大失误，想东山再起难之又难。正因为如此，才有了那句名言："华尔街有胆子大的交易员，也有年龄老的交易员，但没有又老又胆大的交易员。"

"谨慎能捕千秋蝉，小心驶得万年船。"所以，好的投资要会拜纪律

做老师。好的年景受益当下,好的习惯受益终生。作为投资者,我们应养成以下三点习惯:

首先,要尊重常识与确定性。许多人终其一生都在苦苦追寻一套所谓的投资必胜法则,而更多的人则对赌场必胜法则感兴趣。表面上看,投资与赌博有很高的相似度,但两者有着本质的差别。投资要尊重概率,尊重常识。天道有常,不为尧存,不为桀亡。查理·芒格也曾多次说:"伯克希尔哈撒韦能取得巨大的成功,没什么秘诀,就是追求基本的道德和健全的常识。"所谓常识,就是看能否坚持做大概率的事情,比如应避免在市场狂热的时候下重注,避免对不熟悉的品种下重注。人们都以为具备常识很简单,但其实很难。

其次,不要被情绪所左右。范仲淹曾借《岳阳楼记》告诫自己:"不以物喜,不以己悲。"我们常因收益增长而喜悦,又因亏损增加而悲伤。在盈利时,认为种种风险不过如此,在亏损时,又会觉得风险可能还会进一步蔓延。市场每天都在变化,作为投资者,有情绪是本能,但控制情绪才是本事。我们在做任何决策之前都应想想到底是因为客观事实发生了变化,还是只是情绪上发生了变化。

最后,适合的就是最好的。投资收益虽然和市场息息相关,但更和每个人紧密相联。遇到上好的年景,投资者之间难免相互比较。但实际上每个人所处的人生阶段不同,资金实力不同,对风险的偏好与忍耐力不同,对投资的理解也不同,所以很难直接比较。高收益固然令人向往,但其背后往往需要承担更高的风险,耗费更多的时间,并非适合所有人。每一位理性的初学投资者应该要有自己的保守,保守是成长过程中必须要付出的,慢一点,才能稳一点。"福兮祸所依,祸兮福所依,"适合的就是最好的。

习惯与优秀同行

巴菲特说:"人生就像滚雪球,重要的是发现很湿的雪和很长的坡。"

著名投资者高瓴资本的创始人张磊在《价值》一书中也曾写到,我们应把时间和信念投入能够长期产生价值的事情中,尽力学习最优效率的思维方式和行为标准,遵循第一性原理,永远探求真理。

持续的洞察与良好的习惯都只有在长期主义及时间的作用下才可能发挥最大效用。普通人的努力,在长期主义的复利下就会积累成奇迹。好的投资者,一定会选择和时间做朋友。而这其中又必须坚持两点:

一是与优秀同行。人生是由一个又一个选择组成的,每一个路口选择的方向,决定了你带着什么样的心情上路,以及最终看到什么样的风景。从某种程度来说,人生的道路上,选择与谁同行,比要去的远方更重要。我们做投资,要坚持选择和优秀的管理人、优秀的行业及优秀的上市企业站在一起。因为只有如此,在时间的作用下,才能最大限度地发挥复利的价值。

二是与优秀长期同行。毛主席在《七律·和柳亚子先生》一诗中写道"风物长宜放眼量",意思是让我们从远处、大处着眼,看未来,看全局,与优秀长期做朋友。这句话对投资同样适用,虽然我们更熟悉也更习惯于传统的报价类产品,但从更长的视角出发,伴随着资管新规不断推进及我国经济的不断转型升级,想要跟上时代的步伐,每个投资者或早或晚须习惯并拥抱权益类资产。做正确的事情并不难,难得的是长期坚持做正确的事情,长长久久才是真朋友。

结语

2020年是行业财富管理的元年,真正的投资才刚扬帆起航。我们始终认为,投资的本质是认知的变现。好的投资,应把市场当镜子、拜纪律为师、习惯与优秀同行。

天地不言,四时行焉;时光不语,真心明鉴。2021年许下愿望:愿各位都能遇见一个更优秀的自己。

兴·文化

第43期

天眼的奥秘、胶片的定格和哨子的金光

◎ 戴煜旻

工匠，曾是与中国人数千年日常生活密不可分的职业，手工匠人们以精湛的技艺推动人类生活的进步，为子孙后代留下宝贵的财富，同时为中华文明乃至人类文明打下质朴的底色。工匠所代表的精益求精、推陈出新的精神永不过时。以下关于梦想、职业与事业的故事或许更能让我们意识到，无论时代变迁、市场变幻和资本聚散，成就每一个人的其实始终是一颗质朴的匠心。

工匠，曾是与中国人数千年日常生活密不可分的职业，手工匠人们以精湛的技艺推动人类生活的进步，为子孙后代留下宝贵的财富，同时为中华文明乃至人类文明打下质朴的底色。工匠所代表的精益求精、推陈出新的精神永不过时。以下关于梦想、职业与事业的故事或许更能让我们意识到，无论时代变迁、市场变幻和资本聚散，成就每一个人的其实始终是一颗质朴的匠心。

天眼的奥秘

在中国西南部的边陲小镇——克度，有着数不尽的洼地深坑和典型的喀斯特地貌。这里不通信号，如同世外桃源一般，而深坑洼地则形成了天然支架，为一个体型巨大的神秘装置集合了得天独厚的条件。它就是当今世界最大的单体射电望远镜——FAST（Five-hundred-meter Aperture Spherical radio Telescope）。这个直径500米的射电望远镜，探测距离可达137亿光年之外，它的探测灵敏度已经远超功成名就的美国阿雷西博射电望远镜，将在未来20~30年里稳坐世界单体球面望远镜第一把交椅。从某种意义上来说，克度这个偏僻的小镇，正在做着有关宇宙奥秘和人类未来的大事情。

射电望远镜通过收集天体的辐射来进行天文研究。全世界的射电望远镜近70年收集到的宇宙天体射电源的能量总和，仅相当于几个雨滴撞击地面所释放的能量。而这个被誉为"中国天眼"的FAST的大胆构想，是由我国已故天文学家南仁东为代表的科学家在1994年提出的。FAST工程总体设计的酝酿时间超过20年，建设时间用了整整5年，于2016年9月落成启用，并于2020年1月通过国家验收，正式开放运行。这不仅是一个科学奇迹，更是中国成百上千的科学家的智慧结晶和工匠精神的体现。

4年时间里，FAST已发现脉冲星超过240颗。此外它还可以发现一些早期的星系活动迹象，帮助人类窥探宇宙起源的奥秘。"中国天眼"将在2021年4月向全世界公开，全球的研究人员都可以申请使用FAST进行宇宙观测。"虚荣的人注视着自己的名字，光荣的人注视着祖国的事业。"古巴诗人、民族英雄、思想家何塞·马蒂的这句名言，也是南仁东和众多中国科学家一生为了祖国的天文梦想奋斗的最好注解。

孔子说"工欲善其事必先利其器"，茫茫宇宙的奥秘，人类目前的认知只有冰山一角，但随着中国天眼等天文设施的逐渐完善，一切将变得不一样。这是中国科学家的工匠精神和长达几十年的守候，为后人留下的宝贵财富。

胶片的定格

匠心精神不仅是中华文化的传统美德，更是贯穿人类文明的不变主题。专注、执着、坚守、耐心，表面上看起来平淡无奇，却是成就事业不可或缺的精神。从一部非常有名的美国电影便可窥得一二。

沃特·米提（Walter Mitty）是一名在《生活》杂志工作了16年的胶片洗印经理，他性格内向，甚至无法跟心仪的同事谢莉尔开口搭讪，面对生活他就像个旁观者，时常"放空"做白日英雄梦。直到有一天公司被并购，杂志以后不需要洗印胶片了，全部业务要搬到网络上运营。杂志需要做最后一期的封面，而封面成功与否的关键是能否找到著名摄影师尚恩的一卷胶片。沃特似乎一直在兢兢业业地做着即将被行业淘汰的工作，他甚至面临被裁员的风险。

电影中，经历过千辛万苦后他才发现，令人羡慕的旅行家摄影师最后的杂志封面照片拍摄的竟是沃特自己，摄影师把这永恒的定格，留给了这个在幕后默默工作了十几年的人。正是沃特的认真、努力工作，和他对生活真正的理解，帮助摄影师呈现出了一帧又一帧精彩的照片。沃特的工作虽然看似平淡枯燥，但正是他的坚守才让《生活》杂志一直能印出那些高质量的，能够满足摄影师想要表达的意象的画面。

加缪说："人生的意义，在于承担人生无意义的勇气。如果你一直在寻找人生的意义，你永远不会生活。"《南村辍耕录》有云："一事精致，便能动人，亦其专心致志而然。"一辈子只做一件事情，意味着执着、专注和内心的平静，也意味着享受孤独、甘于寂寞和勇于承担所有的后果。一辈子做好一件事情，说起来简单，能做到的人却并不多。站在历史的角度来看，答案更是显而易见——能带你穿破一切阻碍的，只有你自己的执着和匠心。

哨子的金光

日本有家坐落在东京葛饰区龟有街上的企业——野田鹤声，社长是年过六旬的野田员弘老人。这家工厂很小，只有6位职员，而且产品线也很简单——只生产哨子，但这里的哨子却吹响了世界。

野田鹤声社是由野田的父亲在1919年创设的，最初主要生产对美国出口的儿童口琴。开始生产哨子是在1968年，那刚好是野田老人继承父业的第8个年头。老人将目光瞄向了欧洲。5年后在当时的西德科隆市举行的世界体育用品展览会上，老人展出了自己的哨子。广阔嘹亮的音域，清脆铿锵的音色，再加上精致的表面加工，立刻获得与会者的好评。一家法国哨子制造公司找上了老人，并于次年开始了每年定货15万个的业务。在几年时间里，野田鹤声社的哨子悄无声息地在法国站稳了脚跟，并占领了市场，用户遍及各行各业。

随着哨子市场的不断开拓，野田老人决定放弃公司的其他业务，转而专心钻研哨子的工艺。老人认为哨子的音色产生于吹气后前面的响珠的回旋转动，而高昂清脆的音乐带上旋律，关键又在于响珠旋转的圆润程度上。所以多年来野田鹤声社不断苦下功夫，在他们制造的哨子里，用的都是按严格工艺要求特殊加工的响珠，整个制作除电镀程序外几乎都是手工进行的，过硬的品质最终赢得用户的喜爱。野田鹤声社——一个名不见经传的街边小工厂，几十年来竟靠手工制作生产出超过1500万个哨子销往世界40多个国家和地区。尤其令野田老人骄傲的是，自己的产品竟有幸两次被世界上最大的体育盛会——世界杯足球赛选做执法工具。

当2002年世界杯足球赛主办国即将确定之时，野田老人也是众多企盼者中的一员。期盼中，老人拿出他称之为"秘籍品"的一只金色哨子，它和曾经在世界杯赛上使用过的哨子同型但表面镀了金，轻灵雅致，金光闪闪，老人深情地说："我在想如果零二年世界杯在日本举办，我应当在这纯金的镀面上刻些什么话呢？"这是一个匠人最质朴而又打动人心的语言。

结语

三个故事，三个赛道，穿越数十年岁月，似乎都在重复向我们说明一个道理：凡执事敬，作于匠心，践行者盛。抬头看天——市场无限大；低头走路——产品无极致。价值投资作为财富管理的不二法门，核心是寻找与挖掘具有护城河的企业，享受企业长期成长带来的价值。而企业的护城河由何而来，正是企业自身通过不懈地钻研和精益求精的态度所打造出的市场上独一无二的产品。所谓的议价能力和赚钱效应其实只是企业为社会所创造价值的副产品。投资于一家可以为社会创造价值的企业，从而获取投资的收益，这正是财富管理之于社会进步的正向循环。

"工匠精神"已数度被写入政府工作报告，它要求社会企业不仅要具有高超的技能，还要有严谨、专注的工作态度和精益求精的匠魂。

反观财富管理行业,想要有所成就,必然要耐得住寂寞。只有坚守受托人义务,时刻将客户的利益摆在最前面,带着善良和敬畏的态度,日复一日重复着价值挖掘的深耕细作,或许才是"不忘初心,方得始终"。

"一群人+一件事+一辈子=一颗匠心",回归质朴的工匠精神,铸造有品质的财富梦想。斗转星移、时代变迁,每一代人的困境与使命各有不同,但每一个人都终将领悟:世界上所有的惊喜和好运,都是对你用功积累和匠心精神的恩典。

兴·文化

第44期

《寿同父兄七十二首（其一）》 宋 陈著

吾家兄弟笃天伦，
晚景怡怡仅两人。
门户相依杏阴旧，
藩篱不隔棣华春。
难逢燕夜如今日，
回愧鳞年以次身。
愿为老栎伴顽健，
造物倚容庄椿。

人性的灯塔与财富向善

◎ 李 怡

　　浮生匆匆，天地须臾，人生境遇，林林总总。但有的美好，注定永远在人类追求的前方。无论何时何地，一个"善"字总能为人们心中点亮一盏明灯。人与人之间的善意，如同一杯杯沁人心脾的香茗，一点一滴地汇入心海，酿成一段段刻骨铭心的心灵奇旅。若有善念在心田，生活便如同灯塔照耀，闪烁出人性无尽的光辉。正如梭罗所言："善是唯一永远也不会亏本的投资。"

浮生匆匆,天地须臾,人生境遇,林林总总。但有的美好,注定永远在人类追求的前方。无论何时何地,一个"善"字总能为人们心中点亮一盏明灯。人与人之间的善意,如同一杯杯沁人心脾的香茗,一点一滴地汇入心海,酿成一段段刻骨铭心的心灵奇旅。若有善念在心田,生活便如同灯塔照耀,闪烁出人性无尽的光辉。正如梭罗所言:"善是唯一永远也不会亏本的投资。"

人性的灯塔

斯科特·派克写的《少有人走的路》中有一则故事:一天夜里,爷爷和孙子们围炉夜话。爷爷说:"人的内心深处住着两只狼,它们在进行着一场战斗。一只是恶狼,代表着畏惧、虚伪和谎言;另一只是善良的狼,代表着勇敢、正直和爱。"有个孩子问道:"最后哪只赢了呢?"历经世事的爷爷笑着说:"你喂过的那只。"

世间本就有形形色色的人,有些人和事让我们对这个世界感到失望。但只要我们坚守着自己的底线,就会明白:那些恶意其实都是在提醒我们,善良,我们看得清有限的代价,看得到无限的收益;不善,我们看不清有意义的收益,更算不到潜在的成本。守善念,守护好心中的那盏明灯;得善果,是世间最珍贵的福报。有句话说得很对:"人生所有的惊喜与好运,都是日积月累的善良与人品。"

这不禁让人想起电影《弱点》,电影根据真人故事改编,这是一个很平凡的故事,也是一个不平凡的故事。麦克是个可怜的大男孩,父亲自杀,母亲吸毒,从小受人欺负,他愚钝、内向、封闭,因为是黑人一直被人歧视。善良的陶西太太见到雨中无家可归的麦克,动了恻隐之心带他回家避雨,后来收养了他。陶西一家全然地接纳他,无私地宽容他,慢慢打开他的心结,发展他的运动和防御天赋,为他带来了一个崭新的世界,也培养了一位世界级的美式橄榄球左截锋(Left Tackle)。拥有慈悲之心，用共情打开一颗自卑的心灵，为他点亮一盏心灯，找到人生的意义，这种推己及人的周到和体谅，其实就是善良的本质。

用一颗善良之心去接纳另一个人，这份善良为麦克点起了人性的灯塔，成就了麦克和陶西家族。资本市场的本质是为了发挥市场机制的作用，促进提升社会资本配置服务于实体经济的效率；财富管理的本质是为了促进资产配置效率的提升，支持和分享优秀企业成长的价值。因此，财富管理行业最大的善是成人达己，不辜负社会的责任和客户的信任。但是认识自己、认清市场与战胜风险，并非是可以一劳永逸的事。在包括投资等一切思维与行动之前，"以善为先"可以成为指引我们越过一个一个困难险阻，并走向成功的不灭灯塔和持久力量。

向善的力量

亚马逊创始人杰夫·贝佐斯在普林斯顿大学2010年毕业典礼上曾讲道："善良比聪明更难，聪明是一种天赋，而善良是一种选择，选择比天赋更重要。天赋与生俱来，但选择颇为不易。"

比尔·盖茨作为在商业巨擘，在创办微软之外，还设立了盖茨基金会，为了下一代能够获得优质的医疗服务和良好的教育并摆脱贫困而努力，致力于确保所有人，特别是拥有资源最少的人，有机会在学业和生活中取得成功。通过赋能贫困人群，让他们过上健康而富有成效的生活；通过充分利用科技进步的成果，拯救更多生命。

盖茨曾经陪女儿看过一部有关脊髓灰质炎（小儿麻痹症）的片子。片子中的小女孩患病之后，落下残疾，走路一瘸一拐。女儿非常难过地问他："你能为她做点什么吗？"盖茨回答："我们要努力消除这种病。"身为一个父亲，盖茨无法想象，如果女儿得了这种病，自己会有多么痛苦。而在那些缺乏帮助的地方，千千万万的孩子正在经历着这种痛苦。孟子有言："老吾老，以及人之老；幼吾幼，以及人之幼。"大爱无古今国别之分，盖茨基金会在2000年专门创建了"全球疫苗免疫联盟"（GAVI），自创建以来，已经为世界各地超过7.6亿儿童接种疫苗，避免了1300万名儿童的死亡。

也许多年以后，人们记住比尔·盖茨的方式，不是世界首富，也不是创造了Windows系统，而是他曾是拯救过最多人的慈善家。这正应了那句话，心有多大，格局就有多大；格局有多大，世界就有多大。"爱人者，人必从而爱之；利人者，人必从而利之。"大善的境界与高度，让盖茨家族的企业社会价值得到极大提升。

正所谓厚德载物，成功的企业家大都有非常好的初心和愿望，并且能够不断提升自己修为，勇于担当，立业为善，最终都走向了成功。

《大学》中有一句话："货悖而入者，亦悖而出。""资本的流向，决定文明的走向。"很多时候我们做投资也如是，投入的不仅是钱，更多的是一种资源、一种信念。如果每一份投资带来的都是一份正能量，就会影响一家企业，再传递到整个社会，从而步入良性发展轨道。投资一定要有良善和积极的正能量，大善之力，无往而不利。

优雅的女神奥黛丽·赫本也是善良的代表。27年过去了，她迷人的荧幕形象使她成为天使般的传奇，但是，是她的爱心使这传奇变为永恒。人们记住奥黛丽·赫本，并不是单纯因为她美丽的外表、精湛的演技、对时尚的把握，真正被记住的原因是她是一个伟大的人道主义者。善良使她的全身都有着温润优雅高贵的古典气质，善良让岁月在她身上雕琢下的魅力越发清晰。"世界本来就是不公平的。但是世界只有一个，它正变得越来越小，人们之间的接触也不得不越来越频繁。我们生活在这样的环境中，那些富有的人就有义务、有责任去帮助那些一无所有的人。"作为女性，赫本是柔弱的，但同时，她也充满了力量，晚年的她全身心地置身于慈善事业，不遗余力地呼唤社会对落后国家儿童生存状况的关注，带来了女性特有的社会影响力和涟漪效应。

财富的责任

学者资中筠曾著书《散财有道》，讲富人做慈善，她曾援引过我国古代的一个例子。古时范蠡功成名就之后急流勇退，"乘扁舟游于江湖"，是中国古代历史上最负盛名的一位商贾，不知今人把经商称为"下海"与这个典故是否有关系。他一再改名易姓，后人比较熟悉的名字是陶朱公，并与关公齐名，被人们尊为文财神。范蠡"十九年之中三致千金"，也就是千金散尽，再赚回来，如是者三次，文中称其为"富而好德者"。三散家财，能聚财而能散财，有钱就帮助穷兄弟，在今天也可以称为慈善家了。

最好的家风，是内心的善良。正如《围炉夜话》所言："积善之家，必有余庆；积不善之家，必有余殃。可知积善以遗子孙，其谋甚远也。"积善行，也是一个家族最好的风水。

如今，家族慈善基金会将成为公益慈善领域的重要力量。慈善的范畴很广，涉及财富传承、家族社会影响力等很多方面。有分析认为，"在未来5年到15年里，大约90%的中国第一代财富创造者将陆续面临着家族财富传承的挑战。而慈善，正是财富传承的一种特殊方式"。"对于家族而言，这种方式安全、制度化，并且可以进一步提升家族的社会地位和品牌形象，回馈社会的同时传承了家族的价值观内核。"

"养善良方高枕眠。"可以预见，中国家族的慈善之路才刚刚开始。家族办公室、家族慈善顾问，提供家族需要的传承方案以及资产配置、子女教育等多项服务，通过家族宪章的设置，让精神力量继承发扬，譬如文化、价值观与智慧，譬如反哺大众的善心等。通过家族信托、慈善信托等设置，真正实现基业长青。从这个意义而言，财富管理的终极目标，不仅是追求物质世界的真，同时也是追求内心世界的真。正如《荀子》有言"君子役物，小人役于物"，财富是物质的，但拥有财富的人是血肉生命，唯有真正从人的内在善心出发，家庭才能更加兴旺，财富更将"清风徐来，海阔天空"。

结语

"生而不有，为而不恃，功成而弗居。"创造万物的归宿，并非占为己有，人生最大的快乐始终在于奉献。财富向善，如同人性的灯塔，予我们以生之意义、敬畏之心和处事底线。"爱出者爱返，福来者福往。"无声之声，响彻每一个平凡的此刻，迢迢长路，悠悠我心。创造财富大船的目的不是停在港湾，财富的责任是传递善意，善的精神传承如水滴汇入海洋，涓滴善念，终汇成河。无论过去、现在、未来，播撒善的种子的人，都值得我们尊重和学习。

兴·文化

第45期

◎ 蔡孟奇

去岁残荷在 立春又三思

"往者过，来者续。"不知不觉中，"立春"又到。一个寒冬蕴藏的希望，终将插上春风的翅膀。作为二十四节气之首，立春是干支历的岁始，乃万物之所成终而所成始，代表万物起始、一切更生之义。立春三候各有其意：一候东风解冻，二候蛰虫始振，三候鱼陟负冰。我们都在时代的洪流中，与这个世界紧密相连，共同经历四季交替和万物更迭。真可谓：去岁残荷在，见春如见喜，将身何所寄，且待春风起。

"往者过，来者续。"不知不觉中，"立春"又到。一个寒冬蕴藏的希望，终将插上春风的翅膀。作为二十四节气之首，立春是干支历的岁始，乃万物之所成终而所成始，代表万物起始、一切更生之义。立春三候各有其意：一候东风解冻，二候蛰虫始振，三候鱼陟负冰。我们都在时代的洪流中，与这个世界紧密相连，共同经历四季交替和万物更迭。真可谓：去岁残荷在，见春如见喜，将身何所寄，且待春风起。

东风的解冻：感受韧性溢价

徐夤《省试东风解冻诗》曰："暖气飘苹末，冻痕销水中。"历经冬日的寒冷，世间万物皆等待着春天的到来，但带来这一信息的，却是最难以捉摸的风。东风送暖，大地开始解冻，但立春节气只是在时间的履带上留下刻痕，经纬各异的中原大地，各处春色不尽相同，我们似乎很难在无形亦无相的风中感知春的到来。

但正所谓"春到人间草木知"，惊才风逸的翰林子墨们早已在字字珠玑中为我们留下寻找的线索。眼见的，是"春风拂槛露华浓"那被露珠润泽的花色，是"月移花影上栏干"中悄悄爬上栏杆的花木影子，是"不知细叶谁裁出"里轻轻飘动的翠绿柳叶；耳听的，是"春潮带雨晚来急"中春雨起势的暗潮涌动，是"春江水暖鸭先知"里水禽的嬉戏快活，是"早有黄蜂紫蝶来"蜂蝶纷纷的聒噪不休。我们看不见春风，却又处处可见春风。立春时节，我们都知道春天已经来临，但只有善于观察、细致感知的有心人才能捕捉到在万物中若隐若现的生机，才能真正感知到东风解冻的意义。

即使经历新冠肺炎疫情的冲击，2020年权益市场仍表现出明显的正回报。这足以让我们进一步看清楚人类社会的经济和文明渐进的韧性。而中国权益市场的表现更加突出也正是基于其中国经济基本面内在韧性溢价逻辑。毫无疑问，严冬总将过去，经济发展、消费需求与资本投入运行在长期趋势性增长的轨道上，因此，世界总会越变越好，投资者总可以持相对乐观的态度。

蛰虫始振：理解复苏变化

　　蛰虫，是冬藏之虫，在立春二候时被惊醒，但又动而未出。王起《蛰虫始振赋》曰："则知出处有时，变通为贵。"在冬季蛰伏的生灵们"或羽毛而栉比""或鳞甲而骈罗"，并不会因为立春的到来而急忙出动，春意唤醒了沉睡的生灵，虽蓄势待发，但却也按兵不动，正因为已经等待了一个冬天，才更不能急在一时，要让这积蓄的能量在最好的时刻发挥出最强的力量去顺应新的变化，以不枉费漫长冬季的等待。因此蛰虫始振，动而未出，才能在最好的时机"负日月之融光""得天地之仁气"，尽情释放生长的力量。

　　万物皆有时。孔子曰："不知命，无以为君子也"，所传达的并非是命运不可抗争这样的消极情绪，我们可以"制天命而用之"，但并不是所有的自然规律都能为人类的意志所改变，切记不可忽视客观规律的存在。辛苦付出可以换来相应的成果，但"天命"并不会因为你的付出而把兑现成果的时机完全交付于你。在紧要关头更要沉住气，在适当的时候做适当的事，这往往比想象中更难做到，自以为只差临门一脚，换来的却可能是功亏一篑。蛰虫们顺地之理，承天之休，这既是生存的本能亦是经验的体现，"顺于时，感于候"，蠢蠢以潜发，得时而后振。

　　经济的复苏正在重新修复人们对经济增长的预期，预期是制造业及上游具有更高的确定性和景气度。但一轮调整后的复苏往往不是简单的恢复，而是更高层次和更高质量上的变化。符合社会和经济长期转型方向的低碳、绿色和科创升级产业链，将更明显地享受政策支持和经济复苏的溢价。但需要考量的是，全球货币政策回归常态化也必然伴随复苏的步伐而日益临近，成为宏观环境中影响投资的新的变量。

鱼陟负冰：重视市场新生态

《孔颖达疏》曰："鱼当盛寒之时，伏于水下，逐其温暖，至正月阳气既上，鱼游于水上，近于冰，故云鱼上冰也。"春暖冰融，水温的上升激发了鱼儿的活力，禁锢了一整个冬天的水面开始热闹起来，在尚未完全融化的冰块和冰片缝隙间游动，亮闪闪的鳞片与透明晶莹的冰片交相辉映，冰片随波逐流，看上去像是被鱼儿背负着游走。

春日虽已到来，但水中摇曳的碎冰提醒着我们冬日的寒冷尚未完全退去。万物复苏的迹象已经浮现，但也不能因盲目乐观而放松警惕。水中碎冰，我们知道它们未来终将消融，却也知道它们现在并未消融，逆流而上的鱼儿，游得越快，躲闪碎冰的难度自然陡然而升，迎面而来的冲击也将愈发强烈，不可因大意而躲闪不及。正因为春天的希望就在前方，即使存在艰难险阻，此时才更应坚定前行。

2020年A股结构性牛市的高度分化引人瞩目，20%的上市公司出现了50%以上的涨幅，但更多的公司分布在-20%~10%的区间段。市场出现"以大为美，二八分化"的极端现象引热议。或许我们需要深入思考的是，为何这似乎是在我们资本市场体系日益完善的背景下形成的新生态。如果资本市场机构化、专业化、头部化带来真正的前所未有的高效率，并驱动资本配置、资产管理的优胜劣汰，那么"超大水、超大鱼"的新生态在未来相当长时期内仍需要投资者足够重视。

结语

"白雪却嫌春色晚，故穿庭树做飞花。"四日后的立春，将为我们开启新的一年四季。人们期盼着春的到来，春的使者却又常在悄无声息中出现，不让人轻易察觉。一方面，冬天的冷冽还未消失殆尽，寒气侵袭仍不可忽视警惕；另一方面，大地即将解冻，春风终将唤醒百草和万物。"春日迟迟，卉木萋萋"，这既是一个终点，也是一个起点。我们需要理解的是这正如"市场先生"的复杂性，只有我们从视眼的深度和跨期的长度去理解投资与价值投资的区别，才有助于更好地接近对财富的期望与美好生活的向往。

兴·文化

第 46 期

《送应氏二首》
魏晋 曹植

清时难屡得，嘉会不可常。
天地无终极，人命若朝霜。
愿得展嬿婉，我友之朔方。
亲昵并集送，置酒此河阳。
中馈岂独薄？宾饮不尽觞。
爱至望苦深，岂不愧中肠？
山川阻且远，别促会日长。
愿为比翼鸟，施翮起高翔。

推动另一朵云成功，是一朵云

◎ 边维刚

"天地无终极，人命若朝霞。"人生有涯，但天地无涯。以有涯追逐无涯，生命反而有了无限的境界。一旦降临这个世界，我们就彼此相连，融合于时代的洪流中。无论逆顺和悲喜，每个人都在倔强地生活，用各自担当的方式履行生命的意义。

"天地无终极，人命若朝霞。"人生有涯，但天地无涯。以有涯追逐无涯，生命反而有了无限的境界。一旦降临这个世界，我们就彼此相连，融合于时代的洪流中。无论逆顺和悲喜，每个人都在倔强地生活，用各自担当的方式履行生命的意义。

勇敢的心，怎会任凭世俗的纷扰和考验，将自己从思想的高峰拽下。若能够读懂自己的灵魂，那生命就是永恒燃烧的火；若能够找到真的智慧，那成功必将感召更多用力振翅的生命；若能够弄清楚"成功"之于我们的意义——是"了解生命而热爱生命"的过程，那人性便化作一朵朵自带光辉、彼此生发和无限生成的"云"。

用心量之云推动另一朵云

德国哲学家雅斯贝尔斯说："教育的本质意味着：一棵树摇动另一棵树，一朵云推动另一朵云，一个灵魂唤醒另一个灵魂。"人类相互交织，人与人之间是无法割裂的共生关系，正如"相互靠近的树、互相伸展的云和彼此生成的灵魂"。

法国哲学家帕斯卡说："人是一株会思想的苇草。"确实，人的生命如苇草般脆弱，而作为万灵之长的独特之处就在于思想之心量。容纳"世界与他人"的心量嵌入到我们的肉体、融合于我们的生活、贯穿着我们的情感。有的人心宽似海，有的人锱铢必较，不同的心量彼此交织促成不同的人生与结局。

心量是对成功的定义。我们时常看到一些成功者的沮丧、疲倦与疑惑，或许，我们应该抽出时间给自己，去思考和领悟生命的真谛，明白真正的成功一定不是名利"攫取的多寡"，而是"分享的心量"，"给予中喜悦"越多，辐射另一朵云的能量越大。

心量敞开美好的世界。心量大，不纠缠，心自在，美好自会绵延不绝。心量无止境，关键在修行。"如果生命有其意义，那么所经历的痛苦也一定是有意义的。"当放下的东西越来越多的时候,成功反而离你越来越近。

心量是财富的永动机。心量修大、修宽,能让我们有信心在任何地方创造财富;能让我们更容易在看清传统生活和科创未来叠加的投资方向;能让我们更加笃定地坚持底线、责任和道义,相信财富的自由是时间的人,不会丢掉底线去用不道德的方式聚敛财富。因为没有底线,就没有自由。

用法则之云推动另一朵云

《黄帝四经》曰:"道生法。法者,引得失以绳,而明曲直者也。"但若内心无法与法则相应,则法则是法则,你是你。成功的法则具有范畴生成、引力运行与因果思维的普适性。无论如何,成功的关键往往在于对法则相信和坚持的毅力。

重视范畴生成的框架。你想成为什么样的人,那就先进入这个范畴。物质和运动都是一定范畴法则约束下的产物。人的生命范畴是沉淀和生成的过程,大脑都是"从小事做起"慢慢积累的。躬身入局你想要成为的那个范畴,生活总会给努力沉淀的你最好的答案。

掌握引力运行的规律。有一种能量引导着宇宙规律性地运转,也引导着我们的生活。仰望星空,数以亿计的星球在各自的轨道上运行;环顾四周,只要我们思想集中在某一领域,相关的人、事、物纷至沓来。这种能量就是吸引力法则。因此,你希望成为的样子,就是你未来的样子。

践行因果思维的逻辑。任意运动状态都是其之前运动状态积累的结果,下一个蕴含在上一个之中。这就是辩证唯物主义因果法则。所谓种善因得福果,种恶因得苦果。一个渐进的经济与文明以及任何商业上的成败都有其因果的逻辑。

"一花一世界,一叶一如来。"投资并非唯利是图,而是要把人心和种子一起植进财富生根发芽的土地。如果财富的自由不能惠及社会和照亮未来,那人性必将在虚假的黑暗中徘徊。

守住风险承受能力的范畴。做投资亦难亦易,关键取决于自己内心的风险偏好和收益追求。如你对世界饱含热情和信心,不妨适当以积极的心态拥抱投资的波动性和不确定性,但须牢牢把握自身承受能力的范畴。"风物长宜放眼量。"适合主动管理的投资者,可多以实业思维方式选择适当的基金或股票组合"做时间的朋友";适合被动投资的朋友,亦可多以宽基的主流指数基金分享国家经济与资本市场发展的财富效应。

守护具有长期引力的同伴。"你即你选择。"吸引力法则可能让优秀者越来越优秀,并虹吸人们稀缺的注意力时间。拨开迷雾,在时间曲线上洞察和选择具有长期吸引力的靠谱者。不简单地以管理规模论英雄,更不粗暴地以短期收益率论英雄。真正值得守护的优秀同伴,必须历经牛熊和犯错,并具有娃娃鱼一样逆流而上的能力。

守候因上最核心的投资逻辑。圣人畏因,凡夫畏果。敢于在因上过滤顽疾,坚持价值投资,推动绿色转型,世界会因你而更美好。融合环境、社会与公司治理等因素的ESG投资策略正成为"负责任投资法则",并已在市场中被证明可以带来超额收益。守候以善为先的价值投资逻辑亦是我们于幽深处觅得心灵的宁静的灵药。"改造这因,收获那果"。你投资的进退或多或少决定资本流动的脚步与力量,以对时代尽责的方式踩出一条抵制人性弱点的沧桑正道。

用审美之云推动另一朵云

美国共同基金之父罗伊·纽伯格说:"有些人在不断追求巨额财富中虚度了一生。金钱作为一种商品,并没有健康重要,当然它也没有伟大的艺术重要。"艺术和审美是社会文明的标志，也是生命的超越，时空的超越。

审美是生命的鲜活。"人生是一个音乐般的东西，在音乐播放时，应该跳舞、歌唱。"美随时而动，也都自由徜徉。宋人郭熙有言："春山艳冶如笑，夏山苍翠如滴，秋山明净如妆，冬山惨淡如睡。"有诗意者满目美景，天地皆有情，四季都是良辰。无诗意者一腔愁苦，万物皆乏味。

审美是人格的独立。"知音不在千杯酒，一盏空茶也醉人。"清心涤烦，格物致知。直抵人心的美，往往简单洗炼，天然冲夷。观异木怪石，抱朴生姿；品光素雅器，至简空灵；赏竹木雕刻，运腕神韵。审美又犹如"米开朗基罗"的雕塑，只有不断剔除石料多余的部分，独特的精髓才能赫然绽放。成长亦然，繁冗从我们的生命中不断脱落，枝干的倔强总将呈现。

审美是性灵的安栖。"此中有真意，欲辨已忘言""相看两不厌，唯有敬亭山"。在历史的漫漫旅途中，国人从线条原点出发，创造了方块汉字，再开出诗书画的花朵，或是阴阳虚实的境味，或具黑白有无的道韵，可谓"万物皆诗，美而至味"，给一代代人的生活带来了无比的澄明愉悦和精神慰藉。

审美是整体思维与细节思维的统一，也是代表一个人宽度和深度的核心竞争力。要防止因过度追求物质而忽视了对更高层次的审美能力的发展。对于投资者而言，投资培养的优秀品性、有趣灵魂和敏锐感知力，会给人的一生带来彩虹般的色彩和非凡的价值。任何一次可以对审美的投资机会都不应被浪费，这样，整个人生都可能会因这笔日后无法用金钱买到的财富而变得丰富多彩和别有韵味。

结语

"唯以心相交，方能成其久远。"上苍赐予我们眼睛和心灵，是为了让我们彼此看见和爱护。支撑我们脚踏实地身体力行的背后，最重要的始终是思想的光芒。

观照投资的世界即"用心量之云推动财富生成之云，用法则之云推动财富自由之云，用审美之云推动财富超越之云"的地图与指南针，我们必须相信万物各成其美、人们互相依存和彼此生发的重要意义，持续投资于代表社会不断进阶升级的赛道与标的，会让世界变得越来越好。

"以心为擎，万象可抵。"为了人生征途一路上有意义的东西生生不息，"能燃烧的时候，尽情燃烧；能爱的时候，用心去爱"，从现在开始，永远为时未晚。

兴·文化

第 47 期

《元日》
北宋 王安石
爆竹声中一岁除，
春风送暖入屠苏。
千门万户曈曈日，
总把新桃换旧符。

◎ 乔琳雪

大宇宙与小宇宙
——春节为何是中国人最为深沉的情感寄托

"爆竹声中一岁除，春风送暖入屠苏。"百节年为首，春节是中国人一年之中最隆重的节日。它寄托了中国人最为深沉的感情，是我们"家国同构"的心灵寄托和最有乡愁的感触仪式。从某种意义上说，春节是中华民族"集体文化身份"的确认，是中国人"大宇宙与小宇宙"天人合一的千年传统文化的集中体现。

"爆竹声中一岁除,春风送暖入屠苏。"百节年为首,春节是中国人一年之中最隆重的节日。它寄托了中国人最为深沉的感情,是我们"家国同构"的心灵寄托和最有乡愁的感触仪式。从某种意义上说,春节是中华民族"集体文化身份"的确认,是中国人"大宇宙与小宇宙"天人合一的千年传统文化的集中体现。

大宇宙:参赞天地

"春,蠢也,动而生也。"在中国传统的时空一体的宇宙观中,春节所在的春季、孟春之月,位属东方,五色属青,是阳气生长的季节,象征着生机与活力。正月初一又是"三元之日",也称元日、元正、元辰、岁旦、岁首,包含着开端之意。春节是一年时序变化之始,寓意着新的开始。

春节迎新是顺应自然、天人合一思想的重要体现。"与天地合其德,与日月合其明,与四时合其序,与鬼神合其吉凶",向自然学习,与天合德,是天人合一思想的最高境界。自古以来,人们就期望与天地自然和谐共生。西周初年已经出现一年一度的庆祝丰收祭天祈年,通过祭祀祈年表达对天地的敬畏,借此酬谢自然神明过去的关照,祈愿新的一年能够风调雨顺、免去灾祸。

除了信仰性的祭祀活动,在辞旧迎新的自然更替中,人事的更新也体现了对天时变化的顺应与尊敬。也即所谓的"一元复始、万象更新"。在四时交替,旧年过去新年到来时,人们会回顾一年的所作所为,总结过去的收获也生成新的展望。在过年期间,人们会沐浴更新,脱旧衣换新衣;会打扫房屋、贴门神、贴对联,用"新桃"换"旧符";会吃饺子,以谐音"交子"寓意时间的更新。因此,春节是中国人"参赞天地之化育"的重要仪式,对于天地自然的大宇宙,我们除了研究,还须崇拜。人只有"参赞天地"的大宇宙,才能更好地与自然融合并彼此相通，反对一切违逆和破坏天地自然的行为，将保护天地自然养育子孙后代上升为我们的重要使命。

小宇宙：耀祖归根

"和也者，天下之达道也。"中国在传统上崇尚集体主义，家庭观念深深埋藏在中国人的血脉之中，构成了中国社会组织民俗的特有的"小宇宙"。在中华民族几千年的历史长河中，家族成为社会生活的核心之一，包括为家族而生、光宗耀祖，敬畏祖先、联宗祭祖，长幼有序、礼让顺从，讲究孝道、人丁兴旺等观念根深蒂固。

"家"是"人和"的重要体现，家是人们的情感指向和归属的"小宇宙"。春节是亲情交流的良好契机与纽带，春节归家团聚的传统也最易唤起人们对亲人、家庭和故乡的情感。岁末之时，人们已经凝聚了一年的亲情惦念，也积淀了一年的离合悲欢。无论是外出拼搏的游子，还是在家中留守期盼的父母，无不热切期盼着在除夕日可以全家聚在一起吃上一顿年夜饭，把酒言欢，团团圆圆。久别重逢、阖家团圆正是对"人和"的最好诠释和体现。我们在哪里诞生，用了一生的努力要回到那里，因为那是我们的根。

孔子说："父母在，不远游，游必有方。"客居他乡为"游子"，每逢佳节倍思亲，很多人仍有浓厚的落叶归根情节。人与家族的和谐也是春节期间人们的美好诉求。拜年活动是自古就传承下来的春节文化传统，也是维系同宗同源的血缘亲情、甚至进一步扩大至邻里老乡之间交流感情、增进关系的重要途径。过年期间，人们走亲访友，在各自的"小宇宙"中互相祝颂新年，通过各类社会交往活动构建形成人与人、人与社会的一种"求同"相处的动态和谐。

未来观：家国同构

春节是中华民族重要的年俗，早在先秦时期已经出现，之所以至今我们还能享用这几千年前产生的文化成果，是因为我们每一代人都在遵循春节文化传承背后的秩序。文化传承是一个环环相扣的链条，在上下的连接中才会延传久远。这种传递并不是传统的一成不变，而是兼蓄着变化与发展中的秩序进程。

孔子几乎一生为恢复周礼、重建秩序而努力。世界上很多文明都因为失序而败亡，中国文化却让传统秩序成为社会稳定的经纬。正如余秋雨所说："有了秩序，不管是社会还是个人，都有了前后左右、上下尊卑。"

春节是对家庭秩序中血缘、辈分、长幼、排行、婚嫁等观念一次又一次仪式化的维系和加固。家庭的秩序不断扩展和延伸，就构成了"家国同构、一脉相承"的可持续的社会秩序和国家秩序。于是，"秩序建立了，文明延续了"。

结语：天道与人道

总之，春节是庆祝的日子，是希望的日子，是孕育的日子，是欢乐的日子。随着时代变迁，如何度过春节，往往反映人们的心态、社会的文明程度、国家的发展水平，其背后也折射出不同社会发展阶段天道与人道"相济"的光明和自信。

《老子》第七十七章有云："天之道，其犹张弓欤！高者抑之，下者举之，有余者损之，不足者与之，天之道损有余而补不足。人道则不然，损不足，奉有余。孰能有余以奉天下？其唯有道者。"老子以拉弓比喻"天道"是"平衡和适宜"，天道的特点在于调剂有余而补给不足；而"人道"却存在相反的现象，"比如压迫损害不足的贫弱的人向富足的人进行供奉，是穷人更穷，富人更富，是从贫弱处向富足处倒流财富"。因此，老子希望圣人"为而不恃，功成而弗居也"，对天下多作奉献，多回馈社会与帮助贫弱们，拉近与百姓和弱势群体的距离。我们也衷心祝愿"天道常与善人"，国人的春节一年比一年过得更为祥和、幸福。

从春节的文化意义中，我们可以窥见些许财富管理实践的真谛与道理：

首先要正确认识财富管理的"大宇宙"——人类社会不断发展和优质企业不断成长的"第一性原理"。随着社会的发展与进步，人民财富实现逐步积累，当前国内财富管理市场规模已超过人民币百万亿元，财富管理大时代悄然来临。而资本市场的逐步发展完善也使得优质企业有了更为充分的成长空间，正为进一步满足财富管理需求提供了辽阔的"大宇宙"。

其次要牢牢把握财富管理的"小宇宙"——选择"与己和""与人和"的财富管理资产配置方式。每个个体有自身的风险偏好，权益、固定收益等各类资产也具有各自的风险收益特征，通过资产配置的方式构建满足自体偏好的资产组合，形成风险调整下的合理收益预期，以达观面对投资的波动，是实现"与己和"的重要途径。

最后要始终重视财富管理的"未来观"——坚持"惠人达己，守正出奇"的发展观和投资观。资本市场通过凝聚资本力量不断助力国家实体经济和产业创新发展，要让更多的百姓分享资本市场价值发现和价值创造功能中的财富效应，这正是市场发展的平衡长久之道。

兴·文化 第48期

《诗经·小雅·鹿鸣》 西周

呦呦鹿鸣,食野之苹
我有嘉宾,鼓瑟吹笙
吹笙鼓簧,承筐是将
人之好我,示我周行

辽 佚名《丹枫呦鹿图》

耕牛奋蹄 鹿增祥瑞

◎ 蔡孟奇

"鹿之一身皆益人。"鹿自古以来就是人们心中的瑞兽,蕴含着饱满的吉祥寓意。鹿本身温静可爱、美丽典雅,得到世人的广泛喜爱。鹿文化源远流长,象征着品德高尚、善良仁和的君子风范。在牛气冲天的牛年里,带你一起静心欣赏源远流长的鹿文化,希望在大家以"耕牛奋蹄"努力铺就通往梦想的阶梯之路上,为诸位增添一分优雅超然的祥瑞之兆。

"鹿之一身皆益人。"鹿自古以来就是人们心中的瑞兽,蕴含着饱满的吉祥寓意。鹿本身温静可爱、美丽典雅,得到世人的广泛喜爱。鹿文化源远流长,象征着品德高尚、善良仁和的君子风范。在牛气冲天的牛年里,带你一起静心欣赏源远流长的鹿文化,希望在大家以"耕牛奋蹄"努力铺就通往梦想的阶梯之路上,为诸位增添一分优雅超然的祥瑞之兆。

鹿,是文化的图腾

鹿字,甲骨文中有"禽鹿""隻(获)鹿"的记载,如"禽鹿十又五""隻(获)鹿五十"。

鹿在史前就进入了人类文化的视野,欧亚大陆的许多岩画中都有鹿的形象。岩画是先民表达心境的实物体现,也是人类历史发展到一定阶段后产生的一种历史文化现象。早期的岩画图像中,动物是绝对的主角,而尤其以鹿为主。

而在蒙古国境内及我国内蒙古、新疆地区,考古学者还发掘出了诸多雕刻有鹿形象的碑状石刻,被称为鹿石。

大量鹿图案岩画及鹿石被发现,这应与远古时期的北方草原民族的鹿图腾崇拜有关,并与后世的鹿欣赏有着密切的联系。在岩画或鹿石中常可以看到它们被善意夸张了的巨大身躯,在单独的意象中常被它们夸张了的双角所吸引,这似乎表现出了它们在原始人类心目中的尊崇地位。

经典动画片《九色鹿》是根据敦煌壁画《鹿王本生》故事改编,莫高窟第257窟北魏壁画《鹿王本生》画面构图灵活自由,色彩饱满,人物衣带若"浮云""惊龙""令人懔懔若对神明",全面且真实地记录了佛家艺术传入中国以及与我国传统文化融合的历史进程。

"呦呦鹿鸣,食野之苹。我有嘉宾,鼓瑟吹笙。"这是我们再熟悉不过的借鹿起兴的《诗经》名篇。鹿作为中国古代一种典型的人文动物,其在与人类的频繁交往中散发出丰富的文化气息，并不断衍发和新生。生活在广袤葱郁的丛林草涧，饮水逐草，呦呦鸣叫，性情温顺、优雅灵动的鹿身上，被赋予了诸多象征意义，寄托着人们美好的期盼。

鹿，是美丽的化身

形态优美，雄健善跃，一举一动皆优雅灵动，鹿似乎从来都是美丽的代名词。

"霜落熊升树，林空鹿饮溪""满堂笑语看珠翠，夹道风传兰麝熏"……古诗词中处处皆是鹿与环境融为一体的美。《说文解字》有言："麗……从鹿丽声，礼麗皮纳聘，盖鹿皮也。""麗"从字形上突出雄鹿美丽的双角，表示鹿的华美壮丽，而后引申为美丽，即为如今我们所说的"丽"。

美丽的背后皆是不为人知的努力与付出。鹿角冬生夏解，在古人质朴的观察里，鹿角因具备"再生"能力更是被赋予了生命轮回的意义，对鹿角的评价又增添了一丝"神圣"的范畴，这既是自然规律的安排，更是逆境生长的自我蜕变。

鹿角，除了彰显威武雄伟，更是抵御天敌的兵刃。诚然鹿角会自然脱落，但新长出的茸角内部含有大量血管、神经，即便是在完成骨化之后，鹿也需要利用树干或石块将茸皮蹭掉，使得骨质鹿角完全暴露出来，形成真正意义上的鹿角。以树石为假想敌，磨角可以说是一场应敌演练，是主动磨炼自己的训练，更是一场血与痛的修行。鹿角的美不仅是在外型上，更是源于雄鹿内心，只有内心足够强大，才能捱过痛苦的成长，完成美丽的蜕变。

鹿，是富裕的象征

鹿，谐音"禄"，取高官厚禄之意。古代将鹿视为仁兽，相信鹿会带来祥瑞与财富。中国传统儒释道三界的神话传说中，皆以鹿为神话图腾的身影。麒麟二字皆从"鹿"，《说文解字》释"麒"曰"仁兽也，麋身，牛尾，一角，从鹿，其声"便将麒麟视为鹿之属。而白鹿更是被当作祥瑞之兽，古人相信白鹿所过之处定会万木繁荣，禾苗茁壮，五谷丰登，六畜兴旺。

而鹿象征的不只是物质上的富裕，更是精神的财富。鹿性高洁，志在林泉，警惕而审慎。在奈良的街头，只凭一张鹿饼你便可以随意与鹿接触，而在野外，怕不是"可远观而不可亵玩"。

在残酷的自然界里，作为食草动物的鹿，天生便处于食物链的弱势一方，雄鹿尚可以角御敌，但母鹿和小鹿则只能依靠族群的力量和机警的性格努力生存，对于异族，往往是敬而远之。众多不得志的文人墨客自感质野难驯，不合于朝，在鹿的身上寻得自己的影子：对"异族"唯恐避之不及，而与志趣相同的"同族"不期而会，因此"鹿群"便成为吟咏古代文人隐居的典故。《广绝交论》中的"是以耿介之士，疾其若斯，裂裳裹足，弃之长骛，独立高山之顶，欢与麋鹿同群"便将"与麋鹿同群"之人视为耿介之士。

鹿，是权利的符号

萌发于先秦王室筑苑养鹿的盛行风气，在历史更迭中，本就被视为祥物的鹿，逐渐演化为权力的象征。《史记·淮阴侯列传》曰"秦失其鹿，天下共逐之，于是高材疾足者先得焉"，从此"逐鹿"一词正式成为权力斗争的代名词。

雄鹿常会为鹿王之位而争斗不休，但带领群鹿所需要的不仅仅是力量，还有战略与胆识。受制于生存环境的残酷，鹿以集群性而闻名，鹿群中的多数在安逸时虽然也会贪玩跳脱，但生存的本能使得其并不敢游离于群体之外，它们能感知眼前的安危，却无法知道未来将何去何从，所剩下的，便是对于头鹿的信任。

一鹿奔跑，众鹿跟随，倘若头鹿指挥得当，鹿群便可在草原与山林里繁衍生息，如若冲动莽撞，则有可能影响族群的安危存亡。

结语

"鹿者，纯善之兽也，道备则白鹿见，王者明惠及下则见。"鹿在史前便进入了人类文化的视角，自《诗经》起更是以其千姿百态之势活跃于诗词歌赋之间，蕴含着从古至今人们是对至善至美的期许颂扬，又不乏栖隐山林的情志抒述，亦饱含济世安民的功业构想，正如我们每个人对财富自由的追求、对美好生活的向往、对财富管理机构专业服务的期待一样，"牛气冲天"固然是好，但其实"质朴合适"才是最好！

兴·文化

第49期

《减字木兰花·莺初解语》
北宋 苏轼

莺初解语，
最是一年春好处。
微雨如酥，
草色遥看近却无。

休辞醉倒，
花不看开人易老。
莫待春回，
颠倒红英间绿苔。

拥抱春天 向着暖阳

◎ 袁 悦

岁月灵动，春水初涨，蓓蕾绽放，跨过冬日严寒，迎来生机盎然。春天是令人愉快的季节，一花一叶，带着明媚温暖，带着缕缕清风，带着惬意美好，在岁月的画布上浸染出五彩斑斓。一年之际在于春，春天处处是生命跃动的感动。

岁月灵动，春水初涨，蓓蕾绽放，跨过冬日严寒，迎来生机盎然。春天是令人愉快的季节，一花一叶，带着明媚温暖，带着缕缕清风，带着惬意美好，在岁月的画布上浸染出五彩斑斓。一年之际在于春，春天处处是生命跃动的感动。

"心有猛虎，细嗅蔷薇"，我们在平凡的生活中，拥有着不同的梦想，唯有心存热望，时刻向前看，每于寒尽觉春生，才能在冬日最深处，洞见春天的繁华。对于投资而言，我们也应该向前看，财富生长于这个伟大的国家宛如春天般的勃勃生机中，只要你能看见我们的国家正在走向繁荣昌盛的未来，你就能发现这些繁荣的结果是什么，收获的机会是什么。

云会变成一只鸟，鸟愿化作一朵云

春天是一首动人的歌谣，携百花相约，在远近合围的新绿里，在绵绵的春风里，在淅淅沥沥的春雨里，在鸟啼声声中，片片嫩绿托起花朵，娉婷袅娜，潇潇洒洒，点亮春天。

"沾衣欲湿杏花雨，吹面不寒杨柳风。"有人曾说春天是一点一点慢慢来的，是啊，春天的意志和暖流正在逐渐地驱逐寒冬。和煦的春风怀揣着五彩缤纷的种子一路播撒而来，只问耕耘，不问收获，春风朝夕起，吹绿日日深，所及之处，皆是美好。

"归去。归去。江上一犁春雨。"苍穹淡淡碎云弥漫，霏霏细雨，迷迷濛濛，如梦如幻，轻柔的春雨随风而至，无声无息地敲打着窗棂，带来春的消息。每一场春雨，都是春天迈出的步伐。春雨断桥人不度，小舟撑出柳阴来。桃花开，燕双飞，春雨断桥，小舟撑出满湖春色。花红柳绿燕双飞，正是春光明媚时。春雨，洗去尘埃，滋润万物，换得一片春色，带来无限希望。

春山新雨后，百鸟争鸣，春天召唤着云雀雨燕，柳莺杜鹃，一群群，一队队，鸟鸣声格外清脆，声声入耳，这群春日的鸟儿，没有指挥家，却奏出了春天的乐章。黄莺落芳甸，鸟语落花中，由远及近，化作在春绿中跳动的音符。想寻找鸟儿的踪迹，却难以捕捉到它们的身影。正如泰戈尔诗中所写："天空虽无翅膀的痕迹，但是鸟已经飞过。"他还说："云会变成一只鸟，鸟愿化作一朵云。"只留下这高低起伏的自然之乐，悠扬深远，抑扬顿挫。

习习春风、潇潇春雨和声声鸟啼交织成春日序曲，我们只需要静下心来聆听，用心感知，便会对自然及其规律充满热爱，随清风漫舞，与花草凝眸，和自己微笑。

幸福，就在于创造新的生活

春天是温暖的，春节元宵，亲人相聚，故友重逢，一同追忆昔日美好，抚慰今日忧辛，展望来日明辉，这是最甜美温柔、最纯净欢欣的交流。值此时节，宜赏花，宜听雨，宜品茶，宜饮酒。春日宴，酒一杯歌一曲，所有幸福纷至沓来。

新春佳节，春回大地，万象更新，如同一道亘古不变的风景与我们有约，驻守在中华大地的每一寸角落，历添新岁月，春满旧山河，年迈着风尘仆仆的脚步走进腊月的门槛，穿越千年，如期而至。思乡的游子，背井离乡的人们，千里迢迢回到故乡，昼夜兼程只为团圆。冯骥才说："团圆是春节的第一主题，也是春节最重要的情怀。"一家人围着一桌美酒美食，阖家欢聚，尽享天伦之乐。正是这份情怀，使得中华大地上所有家庭从除夕到元宵变为情感的磁场。爆竹响彻天，红色迷人眼，相见道安好，春酒庆团圆，每个人脸上都洋溢着幸福的笑容、希望的光彩。

元宵，上元节的夜晚，春节的尾巴，虽已至尾声，可浓浓的年味仍弥漫在空气中，在大街小巷的烟火里，在晃动的红灯笼上，在五彩纷呈的花灯下。火树银花不夜天，夜晚温暖的春风徐徐而来，带来欢喜、祥和与美好的期待。元宵节过后，年彻底与我们挥手告别。

奥斯特洛夫斯基说："幸福，就在于创造新的生活。"新年浓缩了我们对新生活的向往、希望和祈愿。生活的需求，是我们首先需要关注的事情。节日的盛典，在催促我们奋进努力的同时，也呼唤着我们去追求更崇高和尊贵的东西。

造化有神工，扶摇趁东风

有人说："人生的理想越飞越低，低到只能在自己的城堡里贴地飞行。"生活是庞杂且琐碎的，生命是一场千山万水的奔赴，所有理想的实现都无法脱离生活。"人生如逆旅，我亦是行人"，而悲观的内心，孕育不出热情的种子。

春天，在我们身边是无所不在、生生不息的崇高天道，是塑造我们的造化之手。推开窗，春天扑面而来，美好的事物，使人内心最深处生出希望和力量，该发生的都在认真地发生着。当一簇新绿悄然冒出，幼小却令人感到惊喜。在这万物新生的春日里感知新生的力量，注入新生的喜悦，感受生命的喜怒哀乐，卸下心灵的包袱轻装上阵。王阳明曾言："圣人之道，吾性自足，不假外求。"唯有内心深处富足与坚韧，才能更好地去爱、去生活、去守护。

"莺初解语，最是一年春好处，微雨如酥，草色遥看近却无。"在这漫长又短暂的人生旅途中，我们在无尽的未知中摸索前行，而所有的经历在时间的面前又仿佛弹指一挥间，春风吹醒大地，我们不应徘徊，我们的内心也应当及时苏醒，积极扎入未知的森林，迎着光与美好，不停向前攀登尚未涉足的高山，在那里俯览希望之春的美景。

结语

生活如海，自我行舟，驾舟出海，方知海之浩瀚；幸福如山，真情为径，循径登山，方知山之雄伟；春日如歌，春光行吟，吟唱成歌，方知歌之动听。

"竹外桃花三两枝，春江水暖鸭先知。"对于人生，只要我们的心里充满阳光，向着暖阳生长，就能遇见更好的自己；对于投资，只要我们明白什么是人类进步最重要的力量——科学许诺未来给我们的春天，理解伟大的企业在未来十年如何创造性地改变自己和世界，我们就会对未来十年的财富效应比以往任何时候都更有动力和信心。

兴·文化 第50期

牛文化、农耕文明与财富的滋养性

◎ 边维刚

清代《蕉轩随录》说道："万事万物起于牵牛。""子丑寅，天地人"，牛以生肖属"丑"的身份，却在开天辟地的农耕经济中占有重要的地位。牛之所以被赋予"资生万物"的神秘角色，并成为祭祀、贸易和财富的象征，也正是因为牛有着像土地"任重而顺"的高贵品格。从某种程度上，坚韧开拓、勤勉敦厚的牛精神，已经成为农耕文明乃至中华民族的文化图腾，并成为永远滋养人类思想或心灵活动的一种集体财富。

清代《蕉轩随录》说道："万事万物起于牵牛。""子丑寅，天地人"，牛以生肖属"丑"的身份，却在开天辟地的农耕经济中占有重要的地位。牛之所以被赋予"资生万物"的神秘角色，并成为祭祀、贸易和财富的象征，也正是因为牛有着像土地"任重而顺"的高贵品格。从某种程度上，坚韧开拓、勤勉敦厚的牛精神，已经成为农耕文明乃至中华民族的文化图腾，并成为永远滋养人类思想或心灵活动的一种集体财富。

牛文化虽经岁月洗礼，依旧闪耀苍穹

人类与牛之交情源远流长。早在7000多年前新石器时代，牛就成为人类的朋友，牛与人们"日出而作，日落而息，凿井而饮，耕田而食"的生活息息相关。作为六畜之首，耕牛奋蹄，力大强犟，其性其形，都是日复一日终生勤恳、无私奉献的象征，故有"牛能生犊我有孙，世世相从老故园""横眉冷对千夫指，俯首甘为孺子牛"之说。在古人心中，牛是具有灵性的动物，春秋时《礼记》上说"诸侯无故不杀牛"。而重大的祭祀仪式一般用牛才显得庄重肃穆。如《史记》中记载尧禅位于舜后，舜"至于祖祢庙，用特牛礼"。

自古以来牛是中华民族的"神明"。牛的图腾崇拜可追溯到4000年前。相传大禹治水时，就要铸铁牛投入水中，以镇水患。在那些崇高的神器——青铜器上，牛成为显著位置的常见纹饰。《周易》称"坤为牛"，"坤像地任重而顺，故为牛也"，意为牛是负载生养万物的大地即坤卦的象征物。道教中著名的典故"紫气东来"，老子的坐骑就是一头青牛。而民间更有打春牛、舞春牛、祭牛王、牛魂节、洗牛节等丰富节日的尊牛习俗。

牛是为人们所歌、绘、颂的"自然生灵"。1300年前唐代画家韩滉《五牛图》，是目前所见的作于纸上最早的绘画，画中的五牛姿态迥然，可谓活灵活现。唐戴嵩《斗牛图》绘出了斗牛肌肉张力、击者蛮不可当

的气势。南宋李迪《风雨牧归图》则是一幅牧童逆风驱牛、妙趣横生的牛画……柳宗元的《牛赋》，以牛之魁形力大、垦耕之劳、死尽其用自喻，讽刺那些像瘦驴一样趋炎附势的小人及当时的用人制度。宋臣李纲的《病牛》中"耕犁千亩实千箱，力尽筋疲谁复伤"更是借牛表达了为国家鞠躬尽瘁、死而后已的气概，赋予了牛人格化的魅力。

即使时代变迁，牛象征的"夜归喘明月，朝出穿深谷"的勤奋精神，"但使众生皆得饱，不辞羸病卧残阳"的奉献精神，"前牛已济伺同队，回身向后立不移"的坚韧精神，"老牛粗了耕耘债，啮草坡头卧夕阳"的知足精神，始终震古烁今，闪耀苍穹，滋养着一代一代的国人，也照耀着财富采撷之路，不驰于空想，不骛于虚声，使每一个平凡都激发出无限的可能。

农耕文明可鉴古知今，始终云蒸霞蔚

农耕文明与牛文化自古不可分割。农耕文明是中华民族延绵不绝的"根"。一个文明古国，要想长久发展，必须要有满足不断繁衍的土地和粮食，而牛从早期役畜到始用于农耕，使得单位面积的土地里能刨出更多的食物……这使古人对牛产生不可割舍的情结。中国历朝历代都重视稼穑之本扩充耕牛。秦汉时期，成立了养牛的专门机构、制定"籍薄官牛"等专门法规。汉武帝晚年推行"代田法"，发明和推广耦耕技术，大大提高了牛耕和农业生产的效率，全国开垦的土地面积得以扩大。直到近现代的中国，牛耕仍在广大农村占有重要地位。农耕文明带来稳定的收获和财富，创造了相对有余安逸的定居生活，衍生出高雅的文化艺术创作，使得文明更有活力弹性。

农耕文明决定了中华文化的特征。农耕文明是世界上最早也是对人类影响最大的文化之一。中国的文化是有别于游牧文化的一种文化类型，炎黄子孙植五谷、饲六畜，农桑并举、耕织结合的农业传统在其中起着决定性作用。聚族而居、精耕细作的农业文明充分展现了古人的生存智慧。农耕文明的地域特色、历史传承和乡土生态，不仅赋予了中华文化绵延不断的生命力，也是中华民族繁衍发展的重要原因。以渔樵耕读为代表的农耕文明是千百年来中华民族文化的底色，"耕"是家庭生活的维系，"读"是家庭文化的升华。这非常契合中国文化"乐天知命"的人生修养。知晓宇宙的法则和规律，懂得生命的价值和真谛，推崇自然和谐和合作包容，而不是掠夺式利用自然资源，这样的理念才能积厚流光。

农耕文明是义蕴苍远的文化图式。一般认为，中国美学是传统农耕文明的产物，因而审美有明显指向田园和自然山水的特点。秦德君教授的研究指出："采桑、采薇、采菊、采莲、采茶是中国农耕文明的五种叙事方式，也是义蕴苍远的文化图式。采桑文化源远流长，桑林濮上演绎了无数爱情故事。采薇文化是上古精神的一部分，清节品操义薄云天。采菊文化清逸飘香，菊酒禅意飘过唐宋元明清成为士子精神的重要构成部分。采莲文化的轻舟荷丛有恬淡、悠远和清丽之美。采茶文化玉润雅厚，儒道兼具，蕴藉丰富。"这无疑深刻记录着一个伟大民族勤劳的生活历程中，蕴含浪漫的心灵密码，也构成了中国人特有的"乡愁"文化。"朝为田舍郎，暮登天子堂。"历代文学、艺术家在情感领域，似乎更乐于融合自然的审美价值，如诗歌中的田园山水传统、绘画中的山水花鸟画传统，就是这种审美取向保持的最持久的张力。

"天下将兴，其积必有源。"农耕文明云蒸霞蔚，曾肩负着国人的希望梦想和生活信仰。正是因为有"五谷丰登，六畜兴旺"这样的"财富滋养"，才使人们有条件对生活和生命不断附加有趣的文化。财富，归根结底是人类向内探求自我过程中的一种"衍生"，而不是最终的目的。人，往大处说是最大的财富载体，往小处说是资源和资产。因此，只要从客观处出发，向主观处找答案，最后回到客观世界里去，我们就能找到令财富焕然一新的本源和真理。

财富是凝固了的历史，也是发展着的现实

牛等家畜是给予人类心灵以财富的最初概念。马克思在《摩尔根·古代社会》中写道："家畜是比至今所知所有其他财产种类的总和更有价值的财产，它们可以食用，可以交换其他商品，可以用来赎回俘虏，用来支付罚金和用来作敬神的牺牲；因为它们能无限地繁殖，拥有它们便给予人类心灵以财富的最初概念。"相伴中国几千年漫长的是农耕时代，牛亦曾是最重要的家庭财产之一。故有"谁家有牛，谁家就牛"之说。

《司马光奏议》载："夫农、工、商贾者，财之所自来也……公家之利，舍其细而取其大，散诸近而取诸远，则商贾流通矣，农、工、商贾皆乐其业而安其富，则公家何求而不获乎？"归根结底，人类文明呈现明显的阶段式发展，每一个阶段生产力变化都会导致社会财富的繁荣和人口指数增加。有学者更将农耕文明上升到前所未有的高度，指出农耕文明的本质就是一二三产业的融合，是人与自然的融合，是德与法的融合，是城与乡的融合，是东方哲学中的天人合一。因此，从某种意义上讲，从农耕文明步入工业文明或许本身就是人类财富发展的破茧成蝶。

让自己被财富滋养，而不是被财富消耗。财富的撷取如同农耕文明一样，本质上既需要守望田园、辛勤劳作，也需要顺天应命、知足坦然。一方面，在行动上，我们需要有"牛"转乾坤的气势、"初生牛犊不怕虎"的精神，"破领耕不休，何暇顾羸犊"，日日奋进、踏实勤勉地铺就通往梦想的阶梯。另一方面，在心态上，"相濡以沫，不如相忘于江湖"，懂得适合于自己的、原本真性的、适当的财富才是真正的富有。一旦被永无止境的金钱欲望牵着鼻子走，人性就可能会扭曲，内心的修养可能会被消耗，最终可能反受其害。正如孟子所云："贤者而后

乐此，不贤者虽有此，不乐也。"如果本末倒置，即使取得物质上的快乐，也不会在心中感到快乐。

人生弯曲水，世事重叠山。但世上有一条的"牛"路，可以让你一往无羁。正是这条牛路，"滋养"过我们每个人的祖先，也"滋养"着一代又一代的国人，使我们懂得"以岁月为谱，奏勤勉之歌"，内心更加殷实，俯仰无愧天地。

结语

毛主席说过："我们看历史，就会看到前途。"如果我们从牛的文化底蕴，以及农耕文明"知天乐命"的历史纵深感，去看待财富的过去、现在和未来，就不会被眼前的方寸所局限，也不会为现实的无常而焦虑，在积极拥抱金融专业服务的未来观照中自然可以"进取不忘其初"，达到居庙堂之高而练达、处江湖之远而自得的圆融之境。

"历史好比今生，抱憾的心情无法使业已失去的一瞬重返，绝无仅有的一小时，所贻误的，千载难以赎回。"当前正处于实现中华民族伟大复兴的历史机遇期，一代人滋养一代人，一代人有一代人的长征和担当。无论孺子牛、拓荒牛还是老黄牛，归根结底是"为国为民为苍生"，愿财富管理的大时代"滋养"我们每一个人，穿过峭壁，踩过水势，与中国一起"牛"起来。

儒家财富思想嬗变与财富济民

◎ 胡 正

兴·文化 第51期

《论语·里仁篇》春秋

富与贵，是人之所欲也，不以其道得之，不处也。贫与贱，是人之所恶也，不以其道得之，不去也。君子去仁，恶乎成名？君子无终食之间违仁，造次必于是，颠沛必于是。

儒家文化作为中国传统文化的核心组成部分，其"仁、义、礼、智、信"的核心价值理念，千百年来早已浸润到每一个华夏儿女心中，成为日用而不觉的价值观，深刻塑造着民族的独特的性格，成为整个东方世界文明的基础。

儒家文化作为中国传统文化的核心组成部分，其"仁、义、礼、智、信"的核心价值理念，千百年来早已浸润到每一个华夏儿女心中，成为日用而不觉的价值观，深刻塑造着民族的独特的性格，成为整个东方世界文明的基础。

就财富而言，中华民族绵延不断的5000年文明赋予了中国人认知和对待财富的独特视角，形成了与中国传统文化相得益彰的传统财富思想体系，自春秋战国伊始，历经朝代更迭，历代思想家、大儒不断阐释、扩充，最终形成了以"重义轻利"为主导，历经"正谊明道""见义思利"到"义利兼顾"的中国传统财富思想，这一历程的演进包含着中国特殊的历史和文化底蕴，闪耀着古老东方智慧的光芒。知其历史，明其源流，方能树立正确的财富观，并用以指导创富、守富和传富的实践，履行财富济民的责任。

儒家文化中财富思想的嬗变

财富与人们生活息息相关，古往今来人们都在对它作着理性的探究，试图认识其本质与意义，对之作出相应的价值评判，并不断探索财富的取舍之道。儒家文化中关于财富的论述众多，《论语》《孟子》《荀子》《礼记》《春秋繁露》《四书章句集注》等传世典籍中屡有载录，按成书先后及师承关系，既体现一脉相承的整体性，又反映出继承与发展的差异性，历经时代勾陈，共同搭建了一个相对成熟完整的儒家财富思想体系。

一、先秦儒家"重利重德"

财富是人生存的基础，追求和拥有财富是人所共欲。先秦儒家有关财富的论述是中国传统财富思想的根源。儒家把财富分为两类：物质财富和精神财富，前者是口、目、耳、鼻、四肢等物质性欲望；后者是仁、义、礼、智、圣等精神性欲望。孔子说"富与贵，是人之所欲也，不以其道得之，不处也；贫与贱，是人之所恶也，不以其道得之，不去也"，意思是追求富贵和厌恶贫贱是人之本能，无论君子或小人都会这样做。"富而可求，虽执鞭之士，吾亦为之；如不能求，从吾所好"，意思是如果财富的获取合乎礼法，即使从事卑贱的工作，也愿意承担，如果条件不具备，则不可强求。类似的表述在《论语》中屡见不鲜，可见孔子并不排斥合理地获取财富，并将趋利避害视为人之常情，"夫凡人之情，见利莫能勿就，见害莫能勿避"。

孟子、荀子继承和发展了孔子学说，孟子将物质财富的获取视为人之本性，如"口之于味，目之于色，耳之于声，鼻之于臭"，谓之"食色，性也"。荀子亦言："凡人有所一同，饥而欲食，寒而欲暖，劳而欲休，此人之情性也。"可见先秦儒家肯定了保证人性需求的物质之"利"的动机和行为合理性。与之对应，先秦儒家更重视精神性财富需求，认识到人性求取财富的欲望是无限的，必须要加以节制。孟子说"富，人之所欲，富有天下，而不足以解忧；贵，人之所欲，贵为天子，而不足以解忧"，荀子亦言"食欲有刍豢，衣欲有文绣，行欲有舆马，又欲夫余财蓄积之富也，然而穷年累世不知不足，是人之情也"。因此，孔子主张必须"利以义取"，鄙弃非道非义得来之富贵，他说"不义而富且贵，与我如浮云"，又言"儒有委之以货财，淹之以乐好，见利不亏其义"。孟子说"非其道，则一箪食不可受于人，如其道，则舜受尧之天下，不以为泰"，荀子更是明确提出"先义而后利者荣，先利而后义者辱"。类似求取富贵和义利之辨的论述在儒家经典中不胜枚举。我们只要俯拾摘录一二，即可管窥儒家先圣所搭建的既"重利"又"重德"的传统财富思想大厦根基。

二、董仲舒"正谊明道"

春秋以降，在先秦大儒义利观的基础上，西汉儒家集大成者董仲舒提出"正其谊不谋其利，明其道不计其功"，意即仁爱的人，端正自己的道义不谋个人私利，宣明自己的大道而不计较功利。他提出："天之生人也，使人生义与利。利以养其体，义以养其心。心不得义不能乐，体不得利不能安。义者心之养也，利者体之养也。体莫贵于心，故养莫重于义。""正谊明道"是对儒家财富思想和重义轻利、以德为本观念的继承和发展。肯定了义与利在人类生活中客观现实性，承认适当追求物质财富与追求道德精神的愉悦一样不可偏废。

三、宋明理学"见义思利"

宋明理学是儒家文化发展的另一个历史高峰。在义利之辨的争论上，过度宣言重义轻利，因此他们主张"见义思利"。因此程颐、程颢主张"以义而致利，斯可矣"，余者皆不合法度。主张"存天理灭人欲"的朱熹也认为"利者，人情之所欲"，唯有以义取利为圣人之道。可见，宋明理学认为利是人生存和发展的前提，君子和圣人也可以求利，但必须以义取，才合乎道。

四、明清心学"义利兼顾"

明清之际，王阳明的心学成为儒学的集大成者。在对待财富问题上，明清心学认为董仲舒"正其谊不谋其利"过矣，应该为"正其义以谋其利，明其道以计其功"。清代大儒颜元更是明确指出"利者，义之和也。义中之利，君子所贵也"，他认为义与利二者是相互统一的，义者乃是利之和，明确提出了"义利兼顾"的思想主张，推动了儒家财富思想的发展。

儒家财富思想对当代的启示

古为今用、以古鉴今，结合当今时代主旋律，努力实现传统文化的创造性转化与发展，使之与现实文化相融贯通，这也是我们共同的使命。

一、以道求利，君子之行

财富的求取有正道、邪途之分，有正义、非正义之别，儒家倡导的是明其正义，以正道而获取财富。《增广贤文》将其归纳为"君子爱财，取之有道"，并成为中国人内省修身检验准则之一。儒家以求利之道的不同将人划分为两个阵营，君子和小人。君子通过诚实的劳动来获得财富，一分耕耘，一分收获；小人则是希望不劳而获，或者采取违背道德乃至非法手段谋取财富。荀子形象地描述了君子和小人在求财之道上的不同选择，君子是"虽穷困冻馁，必不以邪道为贪；无置锥之地，而明于持社稷之大义"，而小人是"言无常信，行无常贞，唯利所在，无所不倾"。

二、求利有止，去除杂念

在财富的求取过程中，儒家主张不可过于贪婪，陷溺于财物之中，而应当知足守中，守于君子之道，保持为人的廉明之德。"君子欲而不贪，适可而止。"意思是君子对财富的追求不是无限度无节制的，而是有一个理性的边界。孔子说："君子食无求饱，居无求安，敏于事而慎于言，就有道而正焉，可谓好学也已"。物质财富易于得到满足，才能全神贯注追求内心精神世界的富足。"仁者以财发身，不仁者以身发财。"告诫我们须戒除贪念，不能为物所控。

三、无骄好礼，仁者之德

生活在社会中总有人获取富贵而发达，就人处于富贵发达中如何处富用富，儒家提出要求富贵而不傲无骄，不忘态失形，做到屈己下人，谦卑为礼，好礼明义。儒家肯定君子爱财、获取财富的合理性，但他们并不以获取财富为最高目的，而是肯定财富但又超越财富。仁人之士在获得财富后，不像小人那样摆阔炫富，挥霍无度，而是保持节制的理性态度，戒急用忍，不骄不躁，在适度享受的同时，照顾别人的利益，推己及人，兼济天下，争取皆大欢喜，这才是我们提倡的无骄好礼的仁者之德。

四、乐善好施，财富长存

儒家文化鄙弃对财富的吝爱之为、独富之行，他们主张人们能够乐善好施、仁爱去吝，以财分人、施众，做到爱人先于爱物。孔子说"独财独富，君子耻之"，墨子说"据财不能以分人者，不足以为友"。可见，对富而不仁行为，不单单是儒家耻之。对于据财藏富而吝于施舍他人的危害性，儒家也做了明确的揭示——"蓄藏积陈朽腐，不以与人者殆""藏余不分，则民盗"都阐明了财富的积聚会导致危险性的提升，或为民盗，或化为腐朽，这是来自于现实的教训。这种思想对今天也有现实指导意义，对于先富阶层来说，应该有乐善好施之行，热心于公益事业，帮助那些困难群众，这样才能更好、更长久地维护自己的财富。

结语

财富是古往今来，人类生活之必需。我们今天重视对优秀传统文化的学习与研究，用根植于中华民族血液的传统财富观来引导人们正确地追求财富，推崇"君子爱财，取之有道"的君子之风，无疑对商品经济高度发达的今天具有重要意义。

就财富管理机构而言，知财富思想源流，行财富康庄大道，对于发挥资本市场和财富管理的工具的应有作用具有重要的现实意义。易会满主席提出"十四五"时期资本市场发展的重要任务之一就是要更好地满足广大人民群众财富管理需求，不断增强投资者的获得感。这与儒家财富观"达则兼济天下""博施于民而能济众"的财富济民思想一脉相承。"爱仁者仁爱，福来者福往"，有的美好，注定永远在人类追求的前方。

兴·文化

第 52 期

《己亥杂诗（其五）》
清 龚自珍

浩荡离愁白日斜，
吟鞭东指即天涯。
落红不是无情物，
化作春泥更护花。

财富与爱相生相伴

◎ 赵怡迪

　　一盏茶，一缕香，一捧古卷细思量，在馥郁的茶香中，捧读《人生的境界》。哲学家冯友兰先生将各色的人生境界概括为自然之境、功利之境、道德之境和天地之境。悄然间，我的思绪如炉中香雾已然飘散开来，人类作为万物之灵，爱不正是驱动人生境界不断升华的原动力吗？大爱无声，却是和煦的春风，拂尽人间各个角落。把爱作为投资与财富管理的指南针，就如同在茫茫财富海洋中，找到了为心灵指明航向的那座灯塔，为我们照亮勇往直前的逐梦征程。

一盏茶，一缕香，一捧古卷细思量，在馥郁的茶香中，捧读《人生的境界》。哲学家冯友兰先生将各色的人生境界概括为自然之境、功利之境、道德之境和天地之境。悄然间，我的思绪如炉中香雾已然飘散开来，人类作为万物之灵，爱不正是驱动人生境界不断升华的原动力吗？大爱无声，却是和煦的春风，拂尽人间各个角落。把爱作为投资与财富管理的指南针，就如同在茫茫财富海洋中，找到了为心灵指明航向的那座灯塔，为我们照亮勇往直前的逐梦征程。

爱的天性·自然之境

"落红不是无情物，化作春泥更护花。"脱离了枝头的败花，甘愿化作脚下被踩踏的沃土，滋养新生的花苞成长。落红不为独香，只为护花，这何尝不是大自然恩赐给我们爱的启迪？"零落成泥碾作尘，只有香如故。"虽然落花作为个体的生命终结了，但它却孕育出了一个生机盎然的春天，其生命的价值也在这片阑珊的春意中寻得了载体，在这锦簇的花团中得以延续下去。

"随风潜入夜，润物细无声。"自然之境中的爱，是收获之源，而奉献，是爱之源。孔融四岁让梨于弟，体现的是兄弟之间的爱；黄香九岁温席于母，体现的是长幼的爱；孟母断杼三迁择居，体现的是母子的爱；"一方有难，八方支援"的种种善举，体现的是人与人之间的爱。因此，无论你有没有察觉，我们每个人内心的最深处，都藏着一个最柔软和最温暖的地方——那种爱就是我们与生俱来的真情与力量。

道法自然，自然是真。在探寻财富的道路上，投资者也需要秉持这样的理念。拥有财富是一种福报，而播洒爱的种子、耕耘爱的福田才能自然获得福报。当我们本着一颗充满爱的心去践行投资与财富管理的时候、当我们一次又一次将资本投向与社会进步趋向一致的优秀企业或者标的的时候，我们就不会迷乱于现在，财富的生长便凝结于自在的真谛。朝着内心持续地浇灌爱，就像是一个不断投资的过程，能够让收益持续增长。财富的莲，只开在爱的泥中。

爱的充盈·功利之境

"鞠躬尽瘁，死而后已。"正如书表中的陈词，诸葛亮用坚守了一生的忠义，谱写了照亮后世人臣的《出师表》。他一生效忠蜀国，不辞劳苦奉献一切至死方休，留下了生前身后的美名。可诸葛孔明的本心并非为了求取功利，只是一颗充盈着报国和报答三顾茅庐的君臣恩情的爱心。"出师一表真名世，千载谁堪伯仲间！"这是陆游由衷的赞美，同时亦道出了天下有情有义人的心声。在追求功利甚嚣尘上的浮躁之气中，依然能够心怀感恩、胸怀大爱，才让爱显得弥足珍贵。这难道不是古人为我们留下的宝贵的精神财富吗？

"投之以木桃，报之以琼瑶。"在功利主义盛行的世俗中，感恩与爱不仅是一种思想境界，更是一种社会责任，同样的哲理也蕴含在日常的财富管理之中。一颗充盈着爱的感恩之心，是我们每个投资者不可或缺的理财哲学，是财富管理中的大智慧。无论你在这云谲波诡的金融市场中处于怎样的投资地位，或是拥有怎样的理财经历，我们都要感恩这个时代、感恩企业家精神、感恩专业的相伴同行，随之而来的，必然会是笃定、明亮、坚韧、平和等这些美好的投资者品格，在财富管理爬坡过坎的征途上，平和何忧不能稳健致远，坚韧何愁不能拨云见日。

爱的深沉·道德之境

《孟子》云："仁者爱人。"对万物一视同仁、对一切苦难都能感同身受，便是仁爱的极致，也是道德的最高修养。"仁"的基本含义，就是"爱人"；"爱人"的内核，就是"利他之心"。"上天生下我们，是要把我们当成火炬，不仅照亮自己，更要去照亮别人。"莎士比亚这一成为火炬的使命感，很好地诠释了"利他之心"这个词。"心存敬畏，方能行有所止。"敬畏源自于信仰，内心有所敬重与畏惧，才会约束自己的言行举止。常怀敬畏之心的人，总显得格外谦逊，他们往往对人生常怀欢喜，而且爱得深沉。

"敬天爱人，成人达己。"在道德的境界中，敬爱之心不仅是一种人生态度，也是一种行为准则，在财富管理领域内亦复如是。"没有永远的迷途，也没有永远的沃土"，无论是资产管理人还是作为一名称职的财富管理者，如何才能够在变幻莫测金融市场中保持谦卑是值得我们用一生去探究的课题。赠人玫瑰，手有余香。或许唯有心存敬爱，才能够不乱于心、不浮于事，成为一名真正负责任的、志节高远的金融人。

爱的宽厚 · 天地之境

"安得广厦千万间，大庇天下寒士俱欢颜。"生于乱世的杜甫，即使身居茅草屋，依然心系黎民百姓。纵观杜甫的诗篇，无一以自己为核心，皆是忧国忧民之作。因此杜甫被后人尊称为"诗圣"，他的诗作则被称为"诗史"，这既是对诗人艺术成就的肯定，更加是对其高尚人格的最高赞扬。在落魄到极致的时候，他始终能够心怀天下，利他利众。"先天下之忧而忧，后天下之乐而乐"阐述的正是这样一种时代的使命感和社会的责任感。而在苍茫天地之间，唯有真正宽厚博爱之人，才会拥有这样高尚的价值观。

"达则兼济天下"，我更愿意将其理解为"兼济天下则达"，同样的哲理也蕴含在我们"必须用光明照亮更多人"的财富管理之道中。对于投资来说，如果只是想不费吹灰之力"以赌暴富"而一劳永逸，那最终的结果大概率是竹篮打水一场空。"幸福不曾复杂过，复杂的往往是心境"，要认识我们最大的敌人不是别人而是自己，那就是自己的无明。佩戴一把智慧宝剑，斩断偏执与自私，拥有一颗博厚仁爱心，对社会和生活充满热情和善意，一定能帮助我们在成就财富的大道上走得更远。

结语

纪伯伦在《先知》中说道："有些人快乐地施与，这快乐就是他们的回报。有些人痛苦地施与，这痛苦就是他们的洗礼。"在自然之境中，我感悟到了爱与付出的珍贵；在功利之境中，我读懂得了爱与感恩的意义；在道德之境中，我感受到了爱与敬畏之心的厚重；在天地之境中，我体会到了爱与仁德的温度……爱，是贯穿在人生各重境界之中的灵魂；爱，是追求财富自由之路上的赖以依存的力量；爱，是让财富得以传承与绵延不绝的动力源泉。

财富与爱相生相伴，心中有爱，人生何处不花开？在追求财富的旅途中，投资者和财富管理人只有懂得付出，才能收获更多的财富；只有明白感恩，才能体会到收获财富的幸福；只有心存敬爱，才能在财富之路上行之高远；只有宽厚博爱，才能在追寻财富的同时，不失赤子之心。所有的努力都值得期许，每一份梦想都需要用爱灌溉。财富与爱交织在一起，爱与被爱，皆是我们"踏着阳光，勇往直前"的成长路上幸福的印记。

兴·文化

第 53 期

《卜算子·咏梅》
毛泽东

风雨送春归，
飞雪迎春到。
已是悬崖百丈冰，
犹有花枝俏。

俏也不争春，
只把春来报。
待到山花烂漫时，
她在丛中笑。

一枝梅花 一个自己

◎ 王波

借他物之神，言胸中之志，这种起源于《诗经》中"起兴"的表现手法，赋予了我们通过优美的意境来抒发内心的方式。梅花，因其不畏风雪、傲立凛冬的生长习性和疏影横斜、暗香浮动的姿容形态，被人们赋予了人格特征，寄托着坚忍不拔、高洁孤傲的独有精神品质，成为千百年来咏颂的对象，其强大的感染力仿佛在诉说着我们另一个自己。

岁寒然后始知梅

"万树寒无色，南枝独有花"，梅花是萧杀的冬天，大自然补偿给人类的生机与颜色。《汉书·礼乐志》有云："精健日月，星辰度理，阴阳五行，周而复始"。天地万物之运行，如四时之变迁，历经春夏秋冬，循环往复。当凛冬降临之际，天寒地冻，万物肃杀，所有生命仿佛都陷入沉寂，一切都披上了一层银装，天地亦在白雪茫茫中融为一体，恰在这时，一朵朵梅花，不畏严寒凛然开放于山崖墙角，在恶劣的环境中，展露自己的清芬，剪雪裁冰，幽香宜人，给冰天雪地增添了一丝生机，为银装素裹点染了几抹色彩，成为古人漫长的冬日里少有的喜悦。

梅花位居中国十大名花之首，与兰花、竹子、菊花一起列为四君子，与松、竹并称为"岁寒三友"，其历史源远流长，与人类生活息息相关。早在先秦时期，梅花就已经进入了文学作品中，"山有嘉卉，侯栗侯梅。"汉代《蜀都赋》中，已能寻觅到栽种梅花于园林之中的记录。到了南北朝，梅花出现在了女子的妆容里，起源于一朵梅花掉在了南朝宋寿阳公主的额头上，"抚之不去，号梅花妆，宫人皆效之"，梅花妆自此流行了几百年，十大传世名画《捣练图》画卷中央的一个蓝衣女子画着梅花妆，我们依然能瞥见其昔日的芳华。

自宋代以来，梅花更是与人类的生活息息相关，人们开始用大量的笔墨去写梅，《全宋词》中有数不尽脍炙人口的梅花词；梅花也成为画家笔下的常客，《梅花绣眼图》《腊梅山禽图》，徽宗对其也是喜爱有加；梅瓶是古人非常重要的一种瓷器，得名于其口小到只能用于插梅枝；古代士大夫还喜欢在茶里添加鲜梅瓣来品尝梅花的清香；《红楼梦》五十回记录了古代才子佳人冬日赏梅吟梅花诗的场景；有的地方至今还有"插了梅花便过年"的习俗……这些都在诉说着古人对梅花的独有的喜爱之情。

梅花就是另一个自己

古人挹采梅花之风韵，文人更是赋予了梅花生命，他们把梅花称作雪美人和清客，梅花就是另一个自己。

"零落成泥碾作尘，只有香如故"，陆游的笔下，梅花代表着坚贞与高洁。他一生爱梅花到了什么地步，至今读来依然感人肺腑，"何方可化身千亿，一树梅花一放翁"，他希望自己化成千万个，去陪伴每一株梅花。因为梅花就是他的影子，"驿外断桥边，寂寞开无主，已是黄昏独自愁，更著风和雨"，这是一朵倍受摧残的梅花，它远离庙堂，孤单寂寞地在郊外绽开，无人过问也无人欣赏，在风雨的摧残下满心愁苦。当时的陆游因力主抗金而遭受排挤，但个人的荣辱得失在家国利益面前根本不值一提，放翁他原本就"无意苦争春"，他默默地绽放，又默默地凋零，即使飘落到地上，被碾作泥土，又化作尘埃，他依然如梅花般坚贞不屈，坚守高洁的情操，散发出缕缕清香。

"折梅逢驿使，寄与陇头人。江南无所有，聊寄一枝春。"陆凯的笔下，梅花代表了自己对朋友无尽的心。这首诗是陆凯率兵南征度梅岭时所作，他在戎马倥偬中登上梅岭，正值岭梅怒放，立马于梅花丛中，回首北望，想起了陇头好友范晔，正好碰上北去的驿使，就出现了折梅赋诗赠友人的浪漫一幕。梅花是江南报春之花，折梅寄友，礼轻情重，它代表自己带给远方朋友的是江南春天的浓浓气息，是迎春吐艳的美好祝愿。

"不经一番彻骨寒，怎得梅花扑鼻香"，黄檗禅师笔下，梅花是不屈不挠的铮铮铁骨；"不要人夸好颜色，只留清气满乾坤"，梅花屋主王冕的墨梅，是高风亮节的自持；"只有梅花是知己"，这是鲁迅先生一直珍藏的一方印，而鲁迅终其一生，也如梅花般傲骨……文人爱梅花如己。

投资之"为有暗香来"

"已是悬崖百丈冰，犹有花枝俏"，对于投资，当如梅花般百折不挠。市场经济基本规律决定了资本市场的周期性，即使在资本寒冬到来之际，各种资产万籁俱寂之时，亦总有那么一缕缕"暗香"从远方飘来，"墙角数枝梅，凌寒独自开"，那些因为企业内在竞争力和护城河而表现出高安全边际的公司、那些因为深度的研究和专业的风险控制能力而业绩出众的投资机构，正是一朵朵"凌寒独自开"的梅花，它们坚忍不拔，百折不挠，市场环境越恶劣反而愈发熠熠生辉。

"俏也不争春"，岁月似歌宜静听，投资如梅要慢品。投资不是只为春天一刹那的耀眼。因为对周期的认知和风险的考量，优秀者更懂得在繁荣时候的冷静与自我约束，更懂得在风险逐渐积累的时候敏锐地控制仓位、避免过于拥挤的赛道，更懂得综合运用金融工具平衡风险的敞口。正因如此，优秀的投资业绩或许并不是春来之际表现最亮眼的，他们铸就了面临寒冬的底气，虽"俏"却不争"春"，百折不挠、屹立于寒冬，往往在人们最需要温暖的时候释放如梅花般独有的暗香。

"岁寒然后始知梅"，每一次资本市场的寒冬，都是我们寻觅优质资产的良机。资本市场繁荣的夏天，各种资产百花争艳，"乱花渐欲迷人眼"，使人很难分辨其收益来自自身竞争力还是大环境的赏赐，来自能力还是运气，导致很难寻觅到最优质的资产。而岁寒之际，市场呈现给我们的又是另一幅景色，那些曾经一个个争芳斗艳的纷纷不复昔日芳华，有的甚至难以等到下一个春天，资本市场的景象亦如此，"只有在潮水退去时，你才会知道谁一直在裸泳"，在寒冬之际，所有运气的成分都已经褪去，我们能更好地分辨出那些资产才是真正能长期获得超额收益的"花枝俏"。

"遥知不是雪，为有暗香来"，真正优秀的投资机构和财富管理机构，其价值恰恰就体现在用专注专业的能力，通过一缕缕"暗香"，识得什么资产才是真正能抵御凛冬、取得长期超额收益的梅花。

结语

禅宗讲究"一花一世界，一树一菩提"。一花最寻常不过，却蕴含着天地万物的奥秘，从对梅花凛冬盛开的喜爱，到酷爱梅花之高洁傲骨，古人在梅花中，看见美，看见自己与世界，在这千年探索自我的历程中，积淀出千年厚重的梅花文化。

"梅花欢喜漫天雪，冻死苍蝇未足奇"（毛主席的《七律·冬云》）。即使时代变迁，梅花之精神，始终闪耀在我们心中，也启发着我们在投资的征程中，如何以独有的坚韧摘取财富的芳菲和暗香，看见凌霜傲雪后不一样的自己和精妙未来。

兴·文化
第 54 期

《长沙九日登东楼观舞》
唐 李群玉

南国有佳人，轻盈绿腰舞。
华筵九秋暮，飞袂拂云雨。
翩如兰苕翠，婉如游龙举。
越艳罢前溪，吴姬停白纻。
慢态不能穷，繁姿曲向终。
低回莲破浪，凌乱雪萦风。
坠珥时流盼，修裾欲溯空。
唯愁捉不住，飞去逐惊鸿。

五代 周文矩《宫舞仕女图》

中国古典舞之韵与投资之「软开度能力」

◎ 李好好

　　中国有着悠久和灿烂的舞蹈历史和文化，其中，中国古典舞的渊源可以追溯至中国古代宫廷舞蹈或更为遥远时代的民间舞蹈，其借鉴融合了戏曲的身段身法、武术的动态动势，富有独特的"形神兼备，身心互融，内外统一"身韵美感，也蕴藏着国人继承传统艺术基础之上的，随着时代变化向前发展的审美取向。

"翩如兰苕翠，婉如游龙举"，中国古典舞的舞姿造型丰富且变化灵活，古典舞者通常具备较强的身体柔韧性和控制力。通过内外拧旋的大幅度动作形态、张合延伸的软开度能力，融合身韵，表现出"神在中而形于外"、"以神领形，以形传神"的神韵，在浮沉、动静、缓急等相互消长、相互转化的平衡中呈现刚柔并济、典雅和谐的东方式美学内涵。资本市场愈纷繁复杂，投资亦愈需要这种全面的"软开度能力"。

身段到身韵

古典舞的四大基本功

悠久的历史文化中，汉代和唐代曾经是中国古代舞蹈的辉煌时期，汉有"翘袖折腰"、唐有"霓裳羽衣"。明清时期，中国古代乐舞已经逐渐融入到戏曲形式之中，形成"戏曲舞蹈"。戏曲舞蹈大量继承、融合了前代乐舞精髓，同时又不断吸收民间歌舞展现风俗文化，形成"手、眼、身、法、步"等身法规范。

中国古典舞向戏曲取经，借鉴其中的舞蹈身段、动作口诀，并与武术相结合。古典舞中的"云手""圆场"等手法步法均来源于戏曲；动作表演中要有"三节六合"的武术韵律，"内三合"即"心与意合，意与气合，气与力合"，"外三合"即"手与脚合，肘与膝合，肩与胯合"，内外合一。由"身段"化为"身韵"，六合神韵，这是对传统古典美的凝练升华，衍生出千变万化的身法运用规律、内外统一的节奏处理、轻重缓急以及刚柔共融的表现方法、闪转腾挪以及点线交织的运动路线，具有辩证规律的动律特征。

中国古典舞的舞姿动作幅度大，跳跃翻转的技术难度高，古典舞者通过基本功训练，需要有较为全面的软开度能力。古典舞者软开度能力的四大方面对投资亦具有较大的启发性：

一是以腰为轴与关节的柔韧度。腰部作为连接身体上下的重要枢纽，由此发力而推动全身的动作体态。舞姿与身法之间千姿百态的变换，呈现出拧倾中的宛转与修长，屈伸中的收与放，俯仰间的含与腆，纵横交融。投资是为梦想而战，扎实的投研与精准的个股或产品选择能力，就犹如古典舞者以腰为轴、中段发力的高度柔韧与力量基础，牵一发而动全身。

二是"转"的流动与"圆"的和美。平转中的"平圆"、风火轮中的"立圆"、双晃手中的"8字圆"，古典舞中的动作动势，其韵律都围绕一个"圆"字。从长期看，投资要做到圆润，需要在仓位的控制、行业的均衡和资产的合理配置上，做到和谐且圆满，犹如古典舞者的回旋轮转，万物归一，体现传统文化中"圆"的核心价值。

三是"跳"的爆发力与空间感。"双飞燕"、"绞腿蹦子"、"倒踢紫金冠"，古典舞中凌空跳跃的技术技巧需要依靠强爆发力、对地面的加速度力才能完成，达到古典技术美的程度。权益投资大部分时间在贵贱的两极之间起伏，承受难以避免的短期波动就是为了长期积淀，犹如古典舞者运用爆发力从而快速腾空去赢得弹跳的空间。

四是"翻"的水平线与重心的稳定。"点翻"、"串翻身"、"踏步翻身"、古典舞中的特殊技巧"翻"的动作特点就是舞者身体在倾斜中的水平翻转，即"以腰为轴，以臂为轮"，找准运动中稳定的重心。对于投资而言，在获得收益和控制风险之间，犹如古典舞者平衡"水平线与重心"，最终构成不同人不同的风险收益比。

拧倾圆曲

古典舞的四大形态之美

《庄子·天乐》记述了庄子所倡导的理想"天乐"的状态是"阴阳

调和"、"天人合一"。阴阳调和，方能"四时迭起，万物循生"；天人合一，方能"道可载而与之俱也"。中国古典舞身韵建构中的云肩转腰、燕子穿林、穿手、摇臂等主干，其动作形态的辩证规律正是欲扬先抑、欲直先曲、欲左先右、欲前先后，逢冲必靠、逢开必合，追求动与静的平衡与和谐。身韵讲究以形传神，动作中"点"的定性与"线"的流动性的统一。一个看似固定的舞姿造型，又包含着"拧、倾、圆、曲"的体态动势，感受"静中有动"；反之一串看似眼花缭乱的流线舞动，却不失"轻重缓急、抑扬顿挫"的运动层次，感受"动中有静"。

"静中有动"和"动中有静"交融出"以和为美"的动作形态是古典舞身韵形体美学追求的终极体现。这种"和"是由动作的两极构成的，即正与反、虚与实、刚与柔相互配合，从而达到极致的和谐之美。

孔子仁学中主张的礼乐并称、以礼制乐、以理节情为身韵建构其动作形态的美学源头。所谓"乐统同，礼辨异"，阐述了礼乐之间的区别与联系，艺术要以和谐美为理想，投资又何尝不是在策略择时的起承转合，个股与行业的点线处理，宏观与微观的动势渲染，以及内在修养等方面内外要素的不断提炼、整理、加工中创造价值。

形神劲律

古典舞的四大气韵意象

身韵的本质不单是通过具体的形象来抒情达意，更是中华民族古典精神意象的舞蹈化表现。如"探海翻身"、"蹁腿翻身"等大幅度的动作，形象性强的同时，空间的弧线运动连绵圆润，犹如波浪起伏。"意"是通过"象"来传达的意味，在传统美学思想的指引下，古典舞在空间运动中形象鲜明，但却传递出含蓄的、无限的意境。

"形、神、劲、律"作为身韵的四大要素，形与神的互相牵引，劲与律的相辅相成，造化了古典舞独特的艺术语汇。通过动作造型的再丰富而得"形"，对形之精神内涵的把握而得"神"，对形的点线力度掌握而得"劲"，对形与形之间的连接而得"律"。其中，"劲"是动作的力道，"快、慢、强、弱"的不同处理形成了"寸劲""刚劲"等动作的质感，使动作有了力的变化；"律"是动作运动间的路线规律，是内在气韵的外在显现。身用各种不同的速度和节奏，不同的连接，不同的性格，产生不同的艺术感官效果，从而可以表现各种不同的感情和情调，连绵不断的旋转可表现缠绵悱恻；而快速有力的翻腾，则可表现英武刚健……"形、神、劲、律"气质赋予了古典舞时空力的变化。

"起于心、发于腰、形于体"，正因为古典舞巧妙地在客观与主观、情感与理智、时间与空间实现了和谐统一，才使之富于回味。影响资本市场的因素很多，既有长期也有短期的，短期因素是形，长期因素是神，进取策略是劲，防守方法是律。如果把短期变化看成长期趋势无疑是错误的，同样因为长期因素致使短期恐慌和短期乐观情绪也会犯错。在这个节奏飞快的时代，我们其实更需要欣赏和吸收一些如古典舞这样经典传统文化，来使自己回归柔软、理性、平和，多沉淀一些健康的财富观念，进而不断完善美好的价值观。

结语

"发力在根，用力在梢"。根植于传统文化沃土的中国古典舞，蕴含和沉淀着中华民族精神气韵的特有之美。圆浑中和的艺术美学源于舞者全面的软开度能力，体现在古典舞中"拧、倾、圆、曲"的动作形态，"形、神、劲、律"的气韵意象，"张、弛、收、含"的眼睛神韵，在一代代国人心中舞动的是千古缠绵不尽的生命呼唤。

"慢态不能穷，繁姿曲向终"。作为一名财富管理从业者，一直觉得自己很幸运、很幸福，能享受着舞蹈带给我的丰富人生，启发着我在成长、价值、趋势这些财富管理实践方法上的兼容并蓄。舞蹈带给我无尽的快乐与对美学、哲学的思考，学习的过程就是领悟和修行，悟舞长河，修养德行。希望有越来越多热爱古典文化、热爱生活的人走近古典舞，走进中华传统文化的瑰丽世界，积淀厚实的软开度能力，实现幸福恒久的财富人生。

兴·文化 第55期

◎ 罗哲之

"小治学、中治家、大治兵",顿悟曾文正"以慢打快"秘诀

《小池》
清 曾国藩

屋后一枯池,夜雨生波澜。
勿言一勺水,会有蛟龙蟠。
物理无定资,须臾变众窍。
男儿未盖棺,进取谁能料。

宋 赵汾平(传)《荷乐图》

既无家学,也无根底,却以一介儒生逐步成为晚清"中兴名臣",曾国藩作为中国传统文化的忠实继承者和践行者,是"读书改变命运"的典范。他的一生,实现了无数士儒只能望洋兴叹的"修身,齐家,治国,平天下"的伟大抱负,留下众多精神财富,今细品其"治学、治家、治兵"之道,顿悟其"以慢打快"长期主义的精髓秘诀。

既无家学，也无根底，却以一介儒生逐步成为晚清"中兴名臣"，曾国藩作为中国传统文化的忠实继承者和践行者，是"读书改变命运"的典范。他的一生，实现了无数士儒只能望洋兴叹的"修身，齐家，治国，平天下"的伟大抱负，留下众多精神财富，今细品其"治学、治家、治兵"之道，顿悟其"以慢打快"长期主义的精髓秘诀。

治学之道："须以困勉立功，志大人之学"

今时谈起曾国藩，多数想到的是他博学之下流传于后世的哲理箴言，殊不知幼时曾国藩天赋其实并不高，甚至还留下过"比贼笨"的笑谈，能有后来的学识成就，靠的是"立志"与"自得"。前者强调读书要胸怀抱负、勤勉而行，后者突出读书要修身务本、吸收内化。"一句不通，不看下句。今日不通，明日再读。今年不精，明年再读"。凭着一股韧劲把一句话、一篇文章、一本书慢慢读熟、读透，日积月累，才学自然与日俱增。

从识文断字直至位极人臣，即使在视力衰退的暮年，曾国藩依然读书不倦，自省不懈。"在舟中温《左传》宣公、成公至襄公九年止，共百七十叶，涉猎一过，不能深求。屡次小睡，以息目力。"六旬老翁，在摇晃的行船上依然坚持，迫于视力不佳只能选择一些早已读过的书，主要凭记忆重新温习，其对读书的执着可见一斑。而且读书不能浅尝辄止，而是"学以为己"，时刻对照书中所讲的义理，自省自查，将它们与修齐治平的大事联系起来，并通过写日记的形式时时解剖自己、批判自己。

"读书立志，须以困勉立功，志大人之学"。禀赋不佳的曾国藩以志存高远的心性和勤能补拙的韧劲以慢打快，厚积薄发，7次名落孙山之后在22岁考取秀才，接连中举登第，继而成为士大夫中的一员，真正实现读书报国的愿望，终成一代大儒，成为"读书改变命运"的典范。

治家之道:"愿为耕读孝友之家,不愿为仕宦之家"

在中国传统的伦理政治文化中,每位儒士都在追求家道的振兴与传承,这是他们天然的使命,正如《大学》所云:"欲治其国者,先齐其家",曾国藩也不例外。"凡家道所以可久者,不恃一时之官爵,而恃长远之家规",可见他对于治家之道"以慢打快"的重视。

"愿为耕读孝友之家,不愿为仕宦之家"。在身居高位的曾国藩看来,权不过二代,财不过三代,追求仕宦并不利于家运的长久传承。受馈于祖父的远见,曾国藩以"和睦、孝悌、勤俭"为原则,以"八好"(书、蔬、鱼、猪、考、早、扫、宝)为细则,形成了曾家独特的耕读家风。同时,以孝友为重,认为孝友则家兴,为"家庭之祥瑞"。

耕读之家是传统农业社会中士与农的结合,孝友则是这种家庭中最能体现传统文化、维系家庭关系并不断延续的精神纽带。于当下再读《曾国藩家书》,可以发现许多观点有其时代的局限性,但不可否认其在当时的卓然地位,是百余年来无数家庭争相仿效的楷模。孟子曰:"君子之泽,五世而斩",千百年来家族鼎盛的局面能延续到五代以下者确是极其少见,而曾国藩以儒家的经籍为本,充分吸纳前人的治家思想,同时总结继承曾氏家族数代人形成的家风,从而形成了自己的治家理念和思想,留下了丰富的治家思想,使曾氏家族慢中酝酿、代有英才,是难得一见的长盛之家。

治兵之道:"结硬寨,打呆仗"

文臣出身,却也以军事家闻名于世,曾国藩以一儒者之资,何以竟能治兵驭将、克敌制胜?答案是六个字:"结硬寨,打呆仗"。

经历前期的多次失利后,曾国藩总结出了"一扎营垒以利攻守,二慎拔营以防敌袭,三看地势以争险要,四明主客以操胜算"的作战方针。他所率领的湘军,从不急于与敌军交战,而是遵循,先勘察地形,选好扎营地，挖壕沟、扎花篱，而后依托挖沟扎篱的"结硬寨"，不主动进攻，只打防守反击，把敌方围困至弹尽粮绝，就是所谓的"打呆仗"。

说到底，"结硬寨，打呆仗"就是先固守阵地，再日拱一卒，不断积累细小优势，以求慢胜。或许是受惠自己的治学之道，曾国藩是一个受用"笨"方法的人，他不迷信取巧的东西，凭借这一保守甚至略显愚笨的战略，湘军在13年的征战中虽无赫赫扬名的战役，但积累起一场场小的胜利，从而获得最终的胜利。要想走出困境或者获取胜利，不能依赖某个突发性的、奇迹般的胜利。很多时候，需要放慢脚步，才能回归事与物的本真之心，潜心锤炼中不断打破自己、超越自我，等时机来临时，一切都会有所改变，只是在那之前，你必须要有足够的耐心和战略定力。

结语

"愚于近人，独服曾文正，观其收拾洪杨一役，完满无缺。使以今人易其位，其能如彼之完满乎？"这是毛泽东对于曾国藩的评价。天资不高亦能立志勤勉，位居庙堂仍重耕读孝友，士儒出身却善治兵御敌，曾国藩的一生，几乎就是践行"以慢打快"长期主义的最高典范。

品其治学之道，可感受到曾国藩在自我学习上，正是因为这个"慢"字，才有精耕细作的耐心，又有锲而不舍的恒心，还有持之以恒的决心；鉴其治家之道，正是因为这个"慢"字，可感受到曾国藩"授人鱼不如授人以渔"的理念，要家人自立、自重、自强，从而使家族实现发展有广度、家风有深度、延续有长度；悟其治兵之道，正是因为这个"慢"字，可感受到曾国藩不急功近利，通过稳定持续的流量，逐步积累增量，最终丰满存量，亦即实现从量变到质变的飞跃。有人问巴菲特：为什么你的投资方法这么好，大家不照做呢？巴菲特回答：因为没有人愿意像我一样慢慢成功。在财富征程的大道上，很多时候"慢比快"更需要信念、更需要技术和功夫、更考验一个人整体的能力。

兴·文化

第 56 期

> 非彼无我，非我无所取。是亦近矣，而不知其所为使。若有真宰，而特不得其眹。可行己信，而不见其形，有情而无形。
>
> ——《庄子·内篇·齐物论》 战国 庄周

北宋 赵佶（传）《池塘秋晚图》

深情可抵岁月长——鲁智深与贾宝玉

◎ 陈恺寅

《红楼梦》二十二回，宝钗在自己的生辰之仪上点了一出《山门》，由这出戏引出来的两曲《寄生草》，活生生地把鲁智深与贾宝玉这两个风马牛不相及的人联结在一起。岁月苍桑，人生纵然有千百形式，故事亦可有万千结局，但深情可抵岁月长。无论时光奔流到何方，深情是一种永恒的品质，也是一种温良的修为。这不仅是儿女情长，在投资界亦然，雨过天晴云破处，没有这份对投资的深情，安能坦然地面对挫折困苦，并最终"这般丰盛做将来"。

《山门》"寄生草"曲

漫揾英雄泪，相离处士家。谢慈悲剃度在莲台下。没缘法转眼分离乍。赤条条来去无牵挂。那里讨烟蓑雨笠卷单行？一任俺芒鞋破钵随缘化！

《山门》是清初邱园所作《虎囊弹》戏曲中的一出，演的是鲁智深在五台山出家醉打山门，被智真长老为维护寺规打发下山的故事，这支《寄生草》便是鲁智深临走拜别师父时所唱的。"漫揾"二句，写的是与赵员外挥泪相别。"英雄有泪不轻弹，只因未到伤心处"，鲁智深打死恶霸郑屠后，受到了七宝村赵员外的搭救和厚待，后因走漏风声，赵又将鲁转移至五台山。这使得性情豪爽、憎爱分明的鲁智深十分感动。最后三句，"赤条条"、"那里讨"、"一任"和"随缘"等简单几个词，使无所畏惧的英雄本色又跃然纸上。整支曲子充满了英雄豪迈的气概，又流露着旷达深沉的情感。

在长相粗狂、勇猛冲动的鲁智深几近刻板的形象背后，让我们看到了一个嫉恶如仇、对这个世界饱含深情、能适应人生各种大起大落的鲜活生命。面对林冲在野猪林里对自己的出卖，鲁提辖在日后的重聚选择了一笑而过而非公报私仇。征讨方腊时，鲁智深又一次面临着对于生命的抉择，耿直而真性情的鲁智深不堪为朝廷卖力，却在兄弟情谊面前再次选择让步，可当他面临夺取功名的封赏时，却又一次地选择了规避那看似大富大贵实则暗礁丛生的生活。鲁智深的一生是在波澜中度过的，每每遇到风险，每每又能平安度过，这得益于他即使面对坎坷也秉持着对这个世界深情的豁达心境。最后，八月十五中秋夜，鲁智深沐浴更衣，焚一炉好香，盘腿打坐圆寂涅槃。留颂曰："钱塘江上潮信来，今日方知我是我。"

投资界枭雄群起，面对两千多家上市公司，六千多款投资理财产品，我们不能指望一款产品一劳永逸、一只个股一夜暴富。在权益投资天性波动起伏很大的情况下，越是勇猛刚烈的投资风格，越难免遇到高频率的大幅波动、市场演变的无奈甚至是意料之外的悲剧性。当投资者作出这样的选择时，确实要试问自己的内心对于投资的江湖世界，是否已经拥有如鲁智深这样的英雄心灵深处的无限深情。

寄生草·解偈

无我原非你，从他不解伊。肆行无碍凭来去。茫茫着甚悲愁喜，纷纷说甚亲疏密。从前碌碌却因何，到如今回头试想真无趣！

在宝钗生日宴上，贾母叫她点戏，宝钗点了一出《鲁智深醉闹五台山》，并为贾宝玉推荐并念了自己认为词藻极妙的《寄生草》，宝玉听了拍案叫绝，亦填上一支《寄生草》写在偈后。"无我原非你"取意于《庄子·齐物论》"非彼无我，非我无所取"，意思是：没有它（自然等）就没有我，没有我也就没有什么东西体现它。宝玉认为我既与你互为依存，不分彼此，那就任凭别人不理解吧。

贾宝玉自幼深受贾母疼爱，游于温柔富贵乡，他与林黛玉青梅竹马，互为知己，发展成一段世间少有的爱情，却难被容忍。史湘云在生日宴上的一句无心打趣，引发林黛玉不快。而贾宝玉四处兼顾想安抚各方，却适得其反，引出一场剪不断理还乱的小纷争，这样的纷争不仅仅是儿女情长，其背后实质是卫道与叛逆的矛盾斗争。此时的宝玉对现实尚缺乏明确清醒地认识，也根本不知命运的窥视。经历一次次调和失败后徒增烦恼与痛苦，无法四处兼顾的贾宝玉便转而流露出逃避现实、心灰意冷的虚无念头，《寄生草·解偈》反映了贾宝玉性格发展的一个阶段，这为后来宝玉果然出家埋下了伏笔。"究竟是到头一梦，万境归空"。

深情不仅是儿女情长，亦可升华为博大的宇宙情怀，达于天地境界。但深情必融于庸常之悲欢哀乐，亦可能似贾宝玉这样的"爱博而心劳"，还要忧深虑远，自然是"而忧患亦日甚矣"。投资的世界毋庸置疑是崎岖不平的，大多数人都在追求并不切实际的幻想，做着并不成熟的事情，而最终我们看到的往往是不胜枚举的教训。什么都想兼顾，最后却容易什么都得不到，四顾茫然反而迷失了前进的方向。看似完美的投资项目，就像那娇艳欲滴的红玫瑰，好看却不多见，能够呈现在眼帘的大多都是那些饱受风霜后的绚烂，沉甸甸地化作丰硕的果实，但不少也会变成一颗人人自危的定时炸弹。所以，面对选择繁多、复杂多变的投资环境，还是需要一颗"弟是至浊至愚，只不过一块顽石耳"的平常心，方能行稳致远。

结语

《山门》中鲁智深所唱的《寄生草》与贾宝玉的一偈一曲，既是禅理，也是谶语。洒脱的鲁智深之深情与叛逆的贾宝玉之深情都不为当时的环境所容，红楼梦也正是以前者作为触发后者禅机的动因。但也正是因为这样的深情，让鲁智深与贾宝玉的人物形象饱满生动、耐人寻味而流芳永世。立足新时代，中国资本市场的韧性和机遇前所未有。所有的"深情"，都将成为浇灌幸运的清泉，转化为对自己选择的产品或者股票的乐观和坚持的力量。俗话说得好——"日久见人心"，"深情"的每一刻都闪耀着光芒，足以让我们相信每一份投入都是希望，每一天努力都有价值，每一分坚持都有收获。

后记

　　40多年的改革开放，让中国渐渐走进世界舞台中央，居民财富迅速积累，这是一个需要财富管理的时代；互联网缩小了现实的界限，各色信息流掠过我们的脑海，却鲜有留下文化的积淀，这也是一个需要捧卷而读的时代。如何向普罗大众传递财富管理理念、如何在信息洪流中让大家静心感受文化的魅力，这是《财富的理由》成书的初心。文化其实俯拾皆是，无数文人雅士早已将山川风月凝结成方块字，精骛八极，心游万仞，再升华为动人的诗词和优美的书画，而当你在品味文化的韵味之时，亦会发现财富管理之道相伴相生。

　　世界运转的速度似乎越来越快，大家都在急匆匆地向前飞奔，阅读不仅仅当成获取信息的手段，更是享受文化和知识沉淀的过程。在闲暇之时捧起一本书，体会书籍所承载着知识的厚重感，将自己浸入这一纸墨香之中，与创作者们在字字珠玑之间抵掌而谈，以文化的高度观察财富，是获得内在升华的最好方式之一。

　　这本《财富的理由》，是我们对于财富管理事业的热爱，更是我们对于文化传承的体悟。创作者们竭力匠人匠心为大家打造的这番文化空间里，既有智性的力量，也有善性的光芒，文化是人生智慧的结晶、进步的阶梯、文明的象征。希望本书在让读者领会文化的魅力、品鉴财富的理由的同时，也引起业内更为热烈的讨论和深刻的反思。

感谢西南财经大学中国金融研究中心名誉主任曾康霖为本书题字，感谢杨董事长百忙之中为本书荐言撰序，感谢集团办公室以及财富管理条线的各位撰稿者对于本书出版的大力支持，感谢中国金融出版社从稿源出处、分类编写以及书籍的文化意图的呈现等方面，更是倾注了心血，在此特别鸣谢！